Shauna Niequist

Der Geschmack von Leben

Den Alltag zum Fest machen

W0178540

SCM R.Brockhaus

Die amerikanische Originalausgabe erschien unter dem Titel *Cold Tangerines*
im Verlag Zondervan, Grand Rapids, Michigan
© 2007 Shauna Niequist
Deutsch von Silvia Lutz

© der deutschen Ausgabe R. Brockhaus Verlag
im SCM-Verlag GmbH & Co. KG, Witten
Umschlaggestaltung: Johannes Schermuly, Wuppertal
Satz: Breklumer Print-Service, Breklum
Druck: CPI – Ebner & Spiegel, Ulm
ISBN 978-3-417-26266-7
Bestell-Nr. 226.266

Inhalt

III

IV

Einleitung

Dieses Buch ist eine unverschämte Aufforderung zu feiern.

Ich weiß, dass die Welt um uns herum völlig verrückt ist. Ich weiß, dass es einem manchmal vorkommt, als seien Pessimismus und Trübsinn die einzigen verantwortungsbewussten Reaktionen darauf. Ich wache nachts auf und denke an Pestizide und internationale Politik und Fundamentalismus und Krankheiten und Straßenbomben und daran, dass meine Eltern eines Tages sterben werden. Das letzte Jahr war sehr schwer für mich, das härteste Jahr, das ich je erlebt habe. Ich mache mir Sorgen um die Welt, die wir meinem kleinen Sohn hinterlassen. Ich werde pessimistisch und verbissen.

Und genau aus diesem Grund fordere ich unverschämt zum Feiern auf. Weil ich das brauche – ich brauche Optimismus und Frohsinn und Hoffnung angesichts der Gewalt und Verzweiflung und Sorgen. Und weil der andere Weg in eine Sackgasse führt. Verzweiflung ist ein langsamer Tod. Ein Leben mit Bitterkeit ist wie ein Leben mit Alkohol: Man sieht es unserem Gesicht und unseren Augen an, und man hört es unseren Worten an, auch wenn wir das selbst nicht wahrhaben wollen.

Der einzige Ausweg, den ich sehe, ist dieses zarte Ineinanderweben von Handeln und Feiern, von Zielsetzungen und Erwartungen. Lassen Sie uns handeln, lesen, protestieren, schützen, streiken, lernen, für etwas kämpfen, gegen etwas kämpfen, aber lassen Sie uns aufpassen, dass wir inmitten dieses ganzen Tuns und Organisierens nicht eine Welt niederwalzen, die uns gleichzeitig mit blühender Schönheit und Hoffnung und Vergebung umgibt. Lange bevor die Kriege vorbei sein werden, bevor die Heilmittel gefunden werden, bevor das Unrecht beseitigt wird, haben wir das Heute, das demütige Heute, das uns mit der Festlichkeit und dem Funkeln eines Diamantrings anstrahlt. *Streife mich über,* fordert es uns auf. *Genieße mich. Liebe mich, tauche in mich ein, entdecke mich,* überredet es uns.

Diese Grundeinstellung, das Leben zu feiern, verändert mein Leben. Diese Lebensweise beschenkt mich immer wieder mit reichen Entdeckungen. Deshalb lade ich Sie ein, es ebenfalls zu praktizieren. Diese Geschichtensammlung ist ein Stepptanz auf den frischen Gräbern der Gleichgültigkeit und des Zynismus, des immer mehr um sich greifenden Glaubens, dies wäre alles, was es gibt, und Gott wäre dem Chaos der Welt, in der wir leben, nicht gewachsen. Was Gott in den winzigen Winkeln unseres täglichen Lebens wirkt, ist erstaunlich und umwerfend und schreibt Schlagzeilen, aber wir haben die schlechte Angewohnheit, die Schlagzeilen nur für das Groteske und Beängstigende zu reservieren.

Es gibt viele gute Bücher, in denen es darum geht, was falsch läuft, was kaputt ist, was repariert, demontiert und verbessert werden muss. Diese Bücher sind gute Bücher. Ich lese sie, und ich hoffe, Sie lesen sie auch. Aber vielleicht meldet sich auch in Ihnen eine leise Stimme, eine Stimme, die fragt: »Ist das alles? Ist das alles, was ich zu erwarten habe?« Dieser leisen, heiligen Stimme antworte ich: »Auf keinen Fall. Es gibt so viel mehr, und es ist überall um uns herum, und es ist direkt vor unseren Augen.«

Die Entscheidung, in der Welt, in der wir heute leben, zu feiern, klingt vielleicht verantwortungslos. Sie klingt vielleicht oberflächlich wie Zuckerwatte und klimpernde Armbänder. Aber ich glaube, es ist eine ernste Angelegenheit, eine Angelegenheit, die das Potenzial in sich trägt, uns wieder zum Besten, was wir sind, zurückzuführen, uns wieder zu den Männern und Frauen zu machen, als die Gott uns geschaffen hat; zu Menschen, die sich entscheiden, das Beste zu sehen, das Beste zu glauben, sich nach dem Besten zu sehnen. Durch diese Sehnsucht, das Beste zu sein, was wir sein können, werden wir verändert, inspiriert und geadelt, und wir werden fähig, dort die Handschrift des heiligen Gottes zu sehen, wo andere vielleicht nur die gleichen alten, langweiligen Straßen und Gehwege sehen.

Die Geschichten in diesem Buch sind meine Geschichten, die Geschichten des Lebens, wie ich es sehe. Die Mitwirkenden sind meine Freunde, meine Familienangehörigen und meine Nachbarn. Ich erzähle diese Geschichten, weil sie die einzigen Geschichten sind, die ich kenne, und die einzigen Geschichten, die zu erzählen ich ein Recht habe. Ich erzähle sie Ihnen, weil ich glaube, dass Sie in ihnen Ihre eigenen Geschichten entdecken werden, mit Ihren eigenen einmaligen Mitwirkenden und Handlungsabläufen. Ich glaube, dass diese Liebesbriefe an mein eigenes tägliches Leben die winzigen Funken der Hoffnung und Freude zu neuem Leben entfachen können, die sich in Ihrer Nische der Welt als Alltag verkleiden.

Die Welt ist lebendig, sie leuchtet und funkelt und blinzelt uns zu und lädt uns ein, aufzustehen und zur Musik zu tanzen, die seit Anbeginn der Zeit gespielt wird und die wir hören können, wenn wir uns ganz nach unten beugen und das Ohr auf die Erde legen.

I

Warten

Ich warte eigentlich immer auf etwas. Ich warte darauf, etwas anderes zu werden, ich warte darauf, der Mensch zu werden, der ich meiner Meinung nach immer bald sein werde, ich warte auf das Leben, das ich meiner Meinung nach irgendwann führen werde. In meinem Kopf war ich immer nur einen Schritt von dieser Zukunft entfernt. In der Schule saß ich nur meine Zeit ab, bis ich als Studentin aufblühen würde, als eine Studentin, die ich vor meinem geistigen Auge schon ganz deutlich sehen konnte. An der Uni ragte die »Erwachsene«, die das Studium abgeschlossen hat, immer vor mir auf: klüger, stärker, besser organisiert. Dann die verheiratete Frau, dann die Frau, die ich sein würde, wenn wir Kinder hätten. Seit buchstäblich zwanzig Jahren warte ich darauf, dass ich dünner werde, denn erst dann fängt mein Leben wirklich an.

Und mitten in diesem ganzen Warten stehe ich hier. Mein Leben vergeht, Tag für Tag, und ich warte darauf, dass es irgendwann anfängt. Ich warte auf diesen Zeitpunkt, auf diese Person, auf dieses Ereignis, mit dem mein Leben endlich beginnt.

Ich liebe Filme über den »großen Moment« – das Spiel oder den Erfolg oder den Hochzeitstag oder den Rekord, das große Schlüsselereignis, durch das meine Zeitrechnung neu aufgeteilt wird: in die Zeit vor diesem Tag und die Zeit danach, weil sich an diesem Tag alles verändert. Ich warte auf das große Ereignis, über das man einen Film drehen könnte, auf etwas, das alles verändert und mich aus diesem Wartezustand herausreißt und in den Wirbelwind, der sich vor mir abspielt, hineinzieht. Bei solchen Filmen weine ich immer, denn ich warte immer noch auf meinen großen Moment. Ich hatte Visionen vom Leben als einem großen Abenteuer, als etwas, das gefeiert und mit allen Sinnen erlebt werden muss. In Wirklichkeit tat ich nichts anderes, als zur Arbeit zu fahren und nach Hause zu kommen, doch so etwas gab es in diesen Filmen nie.

Von John Lennon stammt der Satz: »Das Leben ist das, was passiert, während du damit beschäftigt bist, andere Dinge zu planen.« Für mich war das Leben das, was passierte, während ich damit beschäftigt war, auf meinen großen Moment zu warten. Ich war darauf vorbereitet und glaubte, der Rest meines Lebens würde in den Hintergrund treten und verblassen und mein großer Moment würde mich wie ein Rettungsboot sicher durch das Leben tragen.

Der »große Moment« ist leider ein Großstadtmythos. Einige Leute erleben ihn in einem gewissen Sinn, wenn sie zum Sportler des Jahres oder zum Superstar gewählt werden. Aber auch das Leben dieses Sportlers oder dieses Sängers besteht aus mehr als aus diesem einen Moment. Das Leben ist eine Ansammlung von einer Million Momenten, von einer Milliarde winzig kleiner Momente und Entscheidungen. Diese Momente sind wie eine Handvoll glitzernder, leuchtender Perlen. Wenn sie zusammen aufgefädelt werden, wenn sie aufeinander aufbauen, wenn sie Tag für Tag und Jahr für Jahr aufgereiht werden, machen sie ein Leben, eine Person aus. Diese Perlen und Momente sind klein und auf den ersten Blick vielleicht unscheinbar und viel weniger märchenhaft und dramatisch als in den Filmen.

Aber genau das finde ich in Augenblicken und aufblitzenden Momenten. Das ist die bestmögliche Art. Das, worauf ich warte, dieses große Abenteuer, diese filmreife Erfahrung, die sich vor mir ausbreitet. Das ist es. Das normale, tägliche Leben, das auf unseren Straßen und Gehwegen abläuft, in unseren Häusern und Wohnungen, in unseren Betten und an unseren Esstischen, in unseren Träumen und Gebeten und Kämpfen und Geheimnissen – dieses Leben, das wie ein Fußgänger vorübergeht, ist das Kostbarste, was wir haben.

Ich glaube, diese Lebenseinstellung, diese Konzentration auf die Gegenwart, das Alltägliche, das Greifbare, dieser Blick – nicht auf die Schlagzeilen im Fernsehen, sondern auf die Blumen, die in unserem eigenen Garten wachsen, auf die Kinder, die in unserem eigenen Haus heranwachsen – diese Lebenseinstellung trägt das Potenzial in sich, den Himmel zu öffnen, eine Handvoll funkelnder Diamanten zu ernten, wo wir vorher nur Kohlenstoff sahen. Wenn wir anfangen, unsere Umgebung mit offenen Augen zu sehen, daran zu bauen und sie zu formen, werden die Filmszenen und Soundtracks, die uns verführen wollen, darauf zu warten, dass unsere eigene Lebensgeschichte endlich beginnt, in den Hintergrund gedrängt. Unser Blick wird offen für das Leben, an dem wir die ganze Zeit schon bauen, ohne dass es uns richtig bewusst war.

Ich will nicht mehr warten. Ich will glauben, dass es nichts Heiligeres oder Tiefgründigeres gibt als den heutigen Tag. Ich entscheide mich zu glauben, dass im heutigen Tag tausend große Momente verborgen liegen, die nur darauf warten, wie winzige Goldkörnchen entdeckt zu werden. Die großen Momente sind die täglichen, winzigen Momente, in denen Mut, Vergebung und Hoffnung gefordert sind. Das ist der Film des Lebens, der sich um uns herum abspielt. Meistens sehe ich es nicht einmal, weil ich zu sehr damit beschäftigt bin, darauf zu warten, das zu werden, was ich meiner Meinung nach bald sein werde. Die großen Momente sind in jeder Stunde, in jedem Gespräch, in jeder Mahlzeit, in jedem Treffen mit anderen Menschen verborgen.

Der Sportler des Jahres weiß das. Er weiß, dass sein großer Moment nicht der Augenblick war, in dem man ihm die Trophäe überreichte. Es waren die tausend Momente, in denen er morgens aufstand und trainierte, statt sich noch einmal im Bett umzudrehen. Es waren die vielen Kilometer, die er an Regentagen lief, die gesunden Mahlzeiten an den Tagen, an denen ihm ein Hamburger wie der Himmel auf Erden erschien. Dieser große Moment verkörperte die vielen Momente, die vorher kamen und den Weg für diesen Moment bereiteten.

Ich glaube, wenn wir einen aufmerksamen Blick entwickeln, eine tiefe Fähigkeit, das zu sehen, was die ganze Zeit schon da war, werden wir in uns und um uns herum eine aufregende Welt entdecken, Träume, Geschichten und übersprudelnde Erinnerungen. Die Nuancen, Schattierungen, Geheimnisse und intimen Augenblicke der Liebe und Freundschaft, in unseren Ehen und mit unseren Kindern, sind farbenfroh und ereignisreich. Wir müssen nur den richtigen Blick dafür haben.

Heute ist Ihr großer Moment. Besser gesagt: Ihre großen Momente. Das Leben, auf das Sie warten, läuft um Sie herum ab. Die Szene, die sich in diesem Augenblick vor Ihrem Fenster abspielt, ist wertvoller als das schönste Gemälde, und die Kekse und die Marmelade, die Sie zum Kaffee auf dem Tisch stehen haben, sind auf ihre Weise genauso tief greifend wie das letzte Abendmahl. Das ist es. Das ist das Leben in all seiner Herrlichkeit, das sich um uns herum entfaltet und das übersprudelt, auch wenn es als eine Serie von kleinlichen, langweiligen, unauffälligen Momenten getarnt ist. Aber sehen Sie hinter die Maske und Sie werden Ihr Leben finden, das nur darauf wartet, erlebt, gewählt, gewebt und geformt zu werden.

Ihr Leben sprudelt jetzt, heute, vor Energie, Kraft, kleinen und großen Dingen über. Es ist besser als der beste Film, den Sie je gesehen haben. Sie, Ihre Familie, Ihre Freunde, Ihr Haus, Ihr Esstisch und Ihre Garage haben alle Voraussetzungen für ein Leben mit epischen Ausmaßen, für eine Geschichte für die Ewigkeit. Das gilt für jedes Leben.

Sie haben Geschichten, die es wert sind, erzählt zu werden, Erinnerungen, die es wert sind, sie zu bewahren, Träume, die es wert sind, darauf hinzuarbeiten, einen Körper, der es wert ist, ernährt zu werden, eine Seele, die es wert ist, gepflegt zu werden. Und über alledem wohnt der Gott des Universums in Ihnen, der alles Natürliche und Wunderbare übersteigt.

Du bist mehr als Staub und Knochen.

Du bist Geist und Kraft und Bild Gottes.

Und Gott hat dir das Heute geschenkt.

Funke

Als ich klein war, ging ich gern zur Kirche. Unsere Gemeinde feierte ihre Gottesdienste in einem Kino. Meine Kindergottesdienstgruppe traf sich immer gleich neben dem Kiosk. Es roch nach Popcorn, wir drückten unsere Gesichter an die Glasscheibe und bewunderten die vielen leuchtenden Bonbontüten. Es war cool und aufregend und interessant. Im Kino zu sein, wenn keine Filme laufen, vermittelte einen leichten Nervenkitzel und das Gefühl, etwas Verbotenes zu tun. Es war ein bisschen so, als wäre man nach Ladenschluss in einem großen Kaufhaus und feiere eine Party. Während ich im Kindergottesdienst war, waren meine Eltern im Gottesdienst für die Großen. Mein Vater hielt die Predigt und sang in der Band, und meine Mutter spielte Flöte. Wenn der Gottesdienst vorbei war, lief ich durch den nach vorne abfallenden Mittelgang im Kino, um sie auf der Bühne zu suchen. Ich war immer sehr schnell, da der Gang so abschüssig war.

Ich ging wirklich gern zur Kirche. Aber als ich in die neunte Klasse kam, hatte ich es allmählich satt, ein Kirchenmädchen zu sein, eines der wenigen Kirchenmädchen in meinem Freundeskreis an der Schule zu sein, die Einzige in meiner Tanzgruppe zu sein, die sonntags zur Kirche ging, die Einzige bei Partys, die nie Angst vor einem Alkoholtest haben musste. An dem Tag, an dem meine Frauenfootballmannschaft die Spitznamen für unsere Trikots aussuchte, fehlte ich, und meine Freundinnen suchten meinen Namen aus. Die Namen der anderen waren schwach getarnte Anspielungen auf Alkoholkonsum oder auf anrüchiges Verhalten mit Jungen. Als ich mein Trikot bekam, stand darauf: »Frommes Mädchen«.

Ich wusste, dass sie mich gern hatten und dass sie sich nicht über mich lustig machen wollten, aber es tat weh. Ich wollte nicht mehr dieser Mensch sein. Ich war es müde, anders zu sein, und vor allem wollte ich wissen, ob es sich lohnte, so anders zu sein. Ich war anders, weil ich so aufgewachsen war, und ich musste herausfinden, ob ich mein Leben selbst auch so gewählt hätte. Ich dachte, Christ zu sein sei genauso wie Italiener zu sein oder klein zu sein – etwas, als das man geboren ist, über das man keine Macht hat, aber etwas, das das Leben eines Menschen bestimmt. Ich wollte herausfinden, was ich aus meinem Leben machen könnte, wenn ich es selbst in die Hand nähme.

Ich ging ans Westmont College in Santa Barbara, dreitausend Kilometer von meinem Zuhause und meiner Schule bei Chicago entfernt. Meine Entscheidung, dorthin zu gehen, traf ich zum Teil aus Traurigkeit und aus Enttäuschung, weil ich von meiner Traumuniversität eine Absage bekommen hatte, aber auch aus einem ungewohnten, tiefen Gefühl in meinem Inneren, das sich fast wie ein Hunger anfühlte, ein Gefühl, von dem ich glaube, dass es Gottes Drängen war. Das Tolle an einer christlichen Uni ist: Wenn man das Bedürfnis hat zu rebellieren, ist es dort nicht sehr schwer, aus der Reihe zu tanzen, weil es so viele Regeln gibt. Ich hatte seit der Schule ein winziges Tattoo und in Santa Barbara ließ ich mir ein zweites stechen, eine dünne Weinranke, die sich um meine Zehe windet. Ich schwänzte die Andacht, ließ mir ein Piercing in die Nase stechen, wohnte nicht im Wohnheim und rauchte Zigaretten. Das genügte, um ein schlimmes Mädchen zu sein. Eine andere wirklich großartige Sache an einem College wie Westmont ist, dass es dort viele wirklich gute Menschen gibt, sowohl Professoren als auch Mitstudenten, die einen auffangen, wenn man fällt, und ich bin oft gefallen.

In dieser Zeit konnte ich am christlichen Glauben nur die Dinge sehen, die mich störten; die Dinge, zu denen ich keinen Bezug hatte, die Dinge, die mir peinlich waren. Aber selbst in dieser Zeit lebte eine winzige Hoffnung in mir weiter. Es war keine große Flamme, eher wie ein Feuerzeug, das fast leer, mehrere Anläufe braucht und nur für eine Sekunde brennt. Die winzige Hoffnung, dass es vielleicht eine Möglichkeit geben könnte, diesen Glauben zu leben, und ich sie nur noch nicht gefunden hatte.

Ich dachte über Gott nach, auch wenn ich nicht über ihn sprach. Für mich ging es dabei nicht wirklich um Gott. Ich hatte keine großen Fragen über die Dreieinigkeit oder das Ende der Welt. Hauptsächlich wollte ich wissen, ob in der christlichen Welt für jemanden wie mich Platz war. Denn es sah nicht immer danach aus.

Der Weg zurück zum Glauben kam in kurzen Lichtblicken und Momenten und war schmerzhaft. Ich wollte mein Leben nach meinen eigenen Vorstellungen gestalten. Ich hatte das Gefühl, mit dem Glauben zu leben wäre, als hätte man Stützräder am Fahrrad, und ich wollte ohne diese Stützräder fahren, selbst wenn ich deshalb stürzte. Eine Weile war ich davon begeistert. Ich kam mir kreativ, klug und mutig vor.

Doch dann löste sich im Laufe eines einzigen Jahres vieles in meinem Leben in seine Einzelteile auf. Ich hatte drei sehr gute Freunde. Zwei von ihnen gingen nach Europa und in den dritten verliebte ich mich, oder besser gesagt, ich gestand ihm, dass ich schon seit Jahren in ihn verliebt war. Ich dachte, wir würden heiraten. Wir sprachen vom Heiraten, wir schmiedeten Pläne, und wir träumten von einer gemeinsamen Zukunft. Doch dann war es eines Tages einfach vorbei. Wir schrien uns in der Auffahrt vor meinem Haus in Montecito an, während meine Mitbewohner sich vergeblich bemühten, unseren Streit nicht mitzuhören. Er war, nach seinen Worten, einfach noch nicht bereit für eine so ernsthafte Beziehung. Komischerweise war er, bald nachdem zwischen uns Schluss war, zu einer sehr ernsthaften Beziehung mit einer Freundin von mir bereit. Aha.

Ich war verletzt, verwirrt und sehr allein, und ich begann, die verrücktesten Dinge zu machen. Wenn man ein vernünftiger, stabiler Mensch ist und jemand bricht einem das Herz, macht man vielleicht etwas Verrücktes, wie zum Beispiel die ganze Nacht ausgehen und tanzen und trinken. Aber so etwas machte ich an normalen Tagen.

Ich kramte dafür meine Bibel hervor. Ich habe wirklich keine Ahnung, warum ich das tat. Ich saß eines Samstagnachmittags allein auf meinem Bett, und das Licht fiel durch mein Fenster. Ich studierte Literatur; mein Zimmer war also mit Büchern vollgestopft, und unter einem großen Bücherstapel auf dem Fenstersims fand ich meine Bibel. Ich hielt sie einfach fest. Ich glaube, ich habe an diesem Tag nicht einmal darin gelesen. Ich hielt sie einfach mit beiden Händen auf meinem Schoß, als wäre sie eine Katze.

Dann ging ich zu einem Bibelkreis, in dem sich einige nette, anständige Mädchen von meiner Uni trafen. Sie haben sich bestimmt gefragt, was in aller Welt ich dort wollte. Ich selbst fragte mich das auch.

Irgendetwas zog mich zu Gott, zog mich zur Kirche. Es war, wie wenn man nach einem Unfall wieder lernt zu gehen – mein Körper erinnerte sich an so vieles, fühlte sich so vertraut an, aber gleichzeitig war alles vollkommen neu. Ich begann, wieder zur Kirche zu gehen, aber das klappte nicht auf Anhieb, denn ich hörte immer noch nur die Dinge, die mir nicht gefielen, oder die Dinge, die mich ärgerten, die Klischees und Vorurteile, die mich Jahre zuvor vertrieben hatten.

Ich wollte irgendwie einen Bezug zu Gott finden, also beschloss ich, dass ich jeden Abend zum Sonnenuntergang an den Strand gehen wollte. Es war das Ehrfürchtigste, was ich mir vorstellen konnte. Ich war noch nicht bereit für die Kirche, aber ich war bereit für Gott; und ich war schon immer der festen Überzeugung, dass das Meer zu den Orten gehört, an denen man ihn finden kann. Ich setzte mich am Biltmore Beach in Montecito auf die Mauer und wartete. Ich begann, ein wenig ehrlicher zu beten und ein bisschen genauer hinzuhören. Es war, als träfe man einen alten Freund wieder, in den man früher verliebt gewesen ist; man ist ganz scheu und vorsichtig, aber innerlich richtig aufgeregt.

In mir war etwas, eine hoffnungsvolle, leise, zitternde Stimme, die sagte: »Es gibt einen Platz für dich.« Ich weiß nicht warum, aber ich vertraute dieser Stimme.

Allen Widrigkeiten zum Trotz und als Beweis, dass Gott wirklich sehr großzügig ist und Humor hat, bin ich jetzt hier und möchte von ganzem Herzen Gott und seiner Kirche, so gut ich kann, dienen. Ich habe keine Mühen gescheut, um einen anderen Lebensstil zu suchen, um diese Tradition, diese Gedanken und dieses Verhalten, die mein Leben definierten, zu überwinden, sie zu besiegen und sie von mir abzuwerfen. Ich trennte mich von der Sprache, von den Kreisen und von den Menschen, die diese Welt repräsentierten. Ich konnte es nicht erwarten, diese andere Sache, diese bessere Sache zu finden. Aber während ich unterwegs war, drängte und forschte, wurde mir schmerzlich bewusst, dass mein Weg mich gefährlich nahe an den Anfang zurückbrachte, und ich musste feststellen, dass ich allen Widrigkeiten zum Trotz und entgegen meinen Plänen und Absichten zu diesem Lebensstil, zu diesem Weg mit Jesus, zu dieser Leidenschaft und Barmherzigkeit, womit ich aufgewachsen war, zurückgezogen wurde.

Meine Eltern waren wahrscheinlich genauso überrascht wie ich. Sie schauten zu, wie ich mich in mehrere ziemlich gut aussehende, aber völlig unpassende Freunde verliebte, wie ich mit Volldampf einige lächerliche Wege einschlug; sie schauten zu, wie ich dieselben Fehler immer und immer wieder machte, bis es schon so aussah, als würde ich nie etwas daraus lernen.

Auf Pastoren wird viel Druck ausgeübt, ihre Kinder zu zwingen, wenigstens so zu tun als ob, oder sich von ihren Kindern, deren Fehler ein schlechtes Licht auf ihre Gemeinden werfen, zu distanzieren. Meine Eltern taten genau das Gegenteil. Sie flogen mehrere Male quer durch Amerika, um bei mir zu sein, um mir zu zeigen: Auch wenn ich in einer Welt, in der ich das Gefühl hatte, darin keinen Platz zu haben, noch so sehr um Raum kämpfte, waren sie da, waren sie bei mir und halfen mir zu kämpfen und Frieden zu finden.

Ich möchte diese Jahre nicht missen. Sie halfen mir, an diesen Weg zu glauben und Respekt vor ihm zu haben, so wie man Respekt vor tiefem Wasser hat, wenn man irgendwann einmal zu weit hinausgeschwommen ist und von den Wellen überrascht wurde. Ich weiß, was dieser Weg bei Menschen bewirken kann. Ich weiß, was er in mir bewirkt hat, und ich nehme das nicht auf die leichte Schulter. Ich habe einige sehr ernüchternde Narben, die ich als Erinnerung an diese Zeit mit mir herumtrage. Sie erinnern mich daran, wie gefährlich dieser Weg ist und wie schön.

Auf diesem Weg habe ich mehr Fragen als Antworten gefunden, aber ich habe für ein paar Ideen gekämpft, die eine Grundlage bilden, auf der ich stehen kann, ein Leben, mit dem ich Frieden schließen kann, einen Traum, an den ich mich klammern kann. Ich bin keine Verfechterin von Glaubensdoktrinen. Wahrscheinlich schon deshalb nicht, weil Gott nicht Glaubenssätze benutzte, um mein Leben zu ändern. Ich bin eine Leserin und Geschichtenerzählerin, und Gott gab mir die Literatur, Geschichten und Gedichte als die Sprache, mit der ich mich ausdrücken kann. Für mich ist die Bibel ein Manifest, ein Wegweiser, ein Liebesbrief, eine Geschichte. Für mich ist das Leben mit Gott farbenfroh, schockierend, fordernd, befreiend. Es ist der tiefste Fluss, das Blut in meinen Adern, die Geschichten und Worte aus meinen Träumen und meine Gebete mitten in der Nacht. Ich bin immer noch oft überrascht von der Liebe, die ich zum Geist Gottes empfinde, von der tiefen Achtung und den Gefühlen, die ich erlebe, wenn ich ein großes Wasser oder ein neugeborenes Baby oder die Freundlichkeit von Fremden sehe.

Ich bin unglaublich dankbar, dass ich in eine Glaubensgemeinschaft hineingeboren bin. Und ich bin noch dankbarer, dass meine Glaubensgemeinde mir den Raum und die Freiheit zugestand, mit den Fragen, auf die ich Antworten brauchte, meine eigenen Wege zu gehen. Ich bin dankbar für die Geduld und die Barmherzigkeit, die mir entgegengebracht wurden, für die Vergebung, die ich erlebte, und für die Führung, die ich brauchte.

Ich bin dankbar, dass Gott ständig einen kleinen Funken in mir am Leben erhalten hat. Dieser Funke war Jahre vorher in mir entfacht worden und kämpfte lange darum, nicht ganz zu erlöschen. Eine Weile dachte ich, es sei unwichtig, aber jetzt weiß ich, dass diese winzige Flamme das Kostbarste ist, was ich habe, und dass sie in jedem Herzen einen Buschbrand entfachen kann und dass sie die Gleichgültigkeit, das Bedauern und die Distanziertheit in einem Leben verbrennen und etwas Neues entstehen lassen kann.

Eine Familie werden

Aaron und ich haben vor fünf Jahren an einem heißen Augustabend in der Michigan Avenue in Chicago in der Nähe des Sees und des Buckingham Fountain und des Art Institutes geheiratet. Ein Beatleslied wurde gespielt, während ich zum Altar schritt, wir tanzten und aßen Krabbenküchlein und Schokoladenkuchen, und viele unserer Freunde sangen die Lieder der Band mit. Wir schauten zu, wie das Feuerwerk über dem Navy Pier mit den Lichtern des Großstadthimmels verschmolz. Es war romantisch und gleichzeitig ein wenig wild, wie es die besten Partys einfach sind.

An diesem heißen, wunderbaren Abend sagte ich bei meinem Eheversprechen zu Aaron: »Wenn ich bei dir bin, bin ich zu Hause; egal, wo wir sind.« Ich fand, das war schön und romantisch gesagt, und ich meinte diese Worte wirklich so. Aaron hat eine wunderbare Art, mich zu beruhigen und mir zu helfen, wieder Frieden in mir zu finden, wenn alles um mich herum verrückt und fremd erscheint. Je mehr Zeit ich mit ihm verbrachte, als wir uns kennenlernten, umso stärker und ruhiger fühlte ich mich, wie wenn ich ein köstliches und nahrhaftes Frühstück gegessen hätte.

Ich hätte jedoch nie gedacht, dass ich mein Versprechen so schnell in die Tat umsetzen müsste. Wir lernten uns in der Stadt kennen, in der sowohl seine als auch meine Familie lebten. Als wir heirateten, wohnten wir auch in dieser Stadt, in der Nähe unserer Freunde, Verwandten und Geschwister. Nur wenige Monate nach unserem ersten Hochzeitstag forderte ein Freund uns auf, uns zu überlegen, ob wir in eine drei Stunden entfernte Stadt umziehen und in seiner Gemeinde mitarbeiten wollten; Aaron sollte dort Lobpreisleiter werden. Es war in Grand Rapids im Bundesstaat Michigan.

Ich war vorher nur ein einziges Mal in Grand Rapids gewesen, zu einem Konzert von Faith Hill und Tim McGraw mit meinen Eltern. Mein Vater liebt Country Music, und Aaron kam uns zuliebe mit, obwohl er nicht gerade ein Fan von Country Music ist. Ich verknallte mich ein kleines bisschen in Tim McGraw, als er das Lied von dem Barbecuefleck auf dem weißen T-Shirt sang, und sogar Aaron fand das Konzert gar nicht so schlecht, obwohl ich vermute, dass er vor allem Faith Hills Beine nicht schlecht fand.

Wir fuhren nach Grand Rapids, um mit unserem Freund über die Gemeinde zu sprechen. Als wir uns nach diesem Gespräch wieder ins Auto setzten, begann ich zu weinen. Ich weinte fast auf dem ganzen Rückweg nach Chicago. Aaron war anzusehen, wie begeistert er von der Aussicht war, nach Grand Rapids zu ziehen, und wie sehr ihn meine Tränen verwirrten. Es war eine Ehre, dass sie ihm diese Stelle anboten. Und ich saß da und weinte. Als er mich liebevoll fragte, warum ich weinte, platzte ich heraus: »Ich fühle mich wie auf dem Weg zur Hinrichtung.« Nach dieser Antwort schwieg er einen Moment. Ich glaube nicht, dass das genau die Worte waren, die er von mir hören wollte; und ich glaube auch nicht, dass das genau die Worte waren, die ich sagen wollte. Ich glaube, was ich damit sagen wollte, war, dass ich in diesem Moment deutlich spürte, dass der Umzug unausweichlich war, dass ich irgendwie wusste, dass wir umziehen würden, und dass ich schon angefangen hatte zu trauern. Ich glaube, keiner von uns beiden wusste damals, dass ich in den ersten zwei Jahren, die wir in Grand Rapids wohnten, trauern würde, manchmal stärker, manchmal weniger stark.

Als ich bei unserer Hochzeit zu ihm sagte, dass ich zu Hause sei, wenn ich bei ihm sei, hatte ich damit nicht gemeint: »Komm, wir ziehen nach Michigan und schauen, ob ich recht habe, okay?« Ich hatte gemeint: »Ich liebe dich so sehr, und wir bleiben am besten hier in Chicago, wo meine Eltern und meine Freunde sind. Das siehst du doch auch so, oder?« Aber ich habe vor Gott und sieben Brautjungfern erklärt, dass Aaron mein Zuhause ist, mein Partner, meine Nummer eins. Und so wohne ich jetzt in Michigan. Die Moral von der Geschichte ist vermutlich, dass man sein Eheversprechen so unverbindlich wie möglich halten sollte. Worte wie: »Wenn du eine neue Idee hast, werde ich darüber nachdenken. Meistens.« Oder: »Falls es meinen eigenen Plänen nicht in die Quere kommt, höre ich mir gern deine

Bitte an.« Ich hingegen war ziemlich naiv und versprach, egal, was kommen würde, mit und für diesen Menschen zu leben und tief mit ihm verbunden zu bleiben. Gott sei Dank.

Ich hatte gedacht, wir würden an dem Tag, an dem wir heiraten, eine Familie werden. Aber inzwischen habe ich erkannt, dass das Netz, das uns miteinander verbindet, an jenem Tag mit einem einzigen schönen Faden begann und jeden Tag, den wir leben, weiter gesponnen wird. An manchen Tagen werden die Fäden um uns herum doppelt gesponnen und bringen uns enger und fester zusammen.

Der 11. September 2001 war ein Dienstag. Aaron und ich waren seit zwei Wochen verheiratet und waren zwei Tage zuvor von unserer Hochzeitsreise nach Sydney und zum Great Barrier Reef heimgekommen. Ich benutze hier das Wort *heim* im weiteren Sinn. Aaron zog zu mir in mein kleines Haus, aber ich hatte vor der Hochzeit keinen Platz für ihn oder für seine Sachen geschaffen. Der Fußboden auf dem Dachboden war mit Hochzeitsgeschenken und Schleifen und zerrissenem Geschenkpapier übersät, und jede freie Oberfläche war mit dem einen oder anderen Gegenstand, der mit unserer Hochzeit zu tun hatte, bedeckt – übrig gebliebene Programme, Kleidung für die Hochzeitsreise, die nicht mehr in den Koffer gepasst hatte und aufgeräumt werden musste, nicht verwirklichte Ideen. Aarons ganzer materieller Besitz stapelte sich im Keller und in der Garage; und ich erinnere mich, dass ich insgeheim dachte, das sei gar kein so schlechter Ort dafür, da im Haus ohnehin nur wenig Platz war. Das Badezimmer und der Kleiderschrank waren besondere Problemzonen. Er lebte ein paar Tage wie ein Student in einem Schlafsaal, der seine Zahnbürste und seinen Rasierapparat in seinen Waschbeutel packt und ihn jedes Mal ins Badezimmer schleppt und dann wieder mitnimmt.

Unmittelbar vor der Hochzeit hatte ich die nicht ganz so gute Idee in die Tat umgesetzt, den winzig kleinen Essbereich als eine Art römische Liege- und Essfläche zu gestalten, und hatte darin zwei riesige, aber äußerst unbequeme, thronähnliche Korb-Ottomanen aufgestellt. Vermutlich dachte ich, statt einen kleinen Tisch für vier Leute zwischen die Küche und das Wohnzimmer zu stopfen, wäre dies eine interessantere und weniger konventionelle Verwendung des Raums, und mir gefiel die Vorstellung, dass wir uns nebeneinander auf diese königlichen Ottomanen kuscheln, miteinander die Nachrichten anschauen und über unseren Tag plaudern würden. Diese Möbel waren so groß, dass wir auf dem Weg in die Küche nur seitwärts daran vorbeikamen und so unbequem, dass Aaron sie fast ab dem ersten Tag boykottierte. Der einzige Grund, warum ich mich an sie erinnere, ist wahrscheinlich, dass wir am 11. September auf ihnen saßen und stundenlang die Nachrichten anschauten. Noch in derselben Woche kamen die Sessel wieder ins Geschäft zurück. Aaron hatte darauf bestanden.

Ich erinnere mich, dass ich an jenem Tag von der Arbeit nach Hause kam und das deutliche Gefühl hatte, dass dieser Abend, der Abend des 11. September, ein Tag war, den man mit seiner Familie verbringen sollte. Zu diesem Zeitpunkt und in unserem damaligen Alter verstanden wir nicht vollständig, welche Auswirkungen das, was hier vor unseren Augen geschah, haben würde. Das begriff damals natürlich niemand, aber wir beide wahrscheinlich noch weniger, weil wir in einer Zeit aufgewachsen waren, in der es wenig Gewalt und Krieg gab – wenigstens hatten wir persönlich nichts davon gemerkt. Trotzdem wussten wir instinktiv, dass man diesen Abend mit seiner Familie verbringen sollte, und uns wurde schlagartig bewusst, dass wir genau das waren. Wir waren eine Familie.

Das können wir uns jetzt kaum noch vorstellen. Wir sind seit fünf Jahren verheiratet und leben in einem anderen Bundesstaat, in unserem eigenen Haus, in einem Haus, das genug Platz für mich und genug Platz für ihn hat. Jetzt sind wir eindeutig eine Familie. Aaron ist mein erster Gedanke und mein letzter Gedanke, der Gefährte, mit dem ich durch jeden Teil meines Lebens gehe.

Aber damals war er das noch nicht. Eine Hochzeit machte ihn nicht zu meiner Familie, auch keine Hochzeitsreise oder dass ich ihm zähneknirschend die Hälfte des Platzes im Badezimmer abtrat (ich will ehrlich sein: ein Viertel des Platzes). Was ihn jedoch zu meiner Familie machte, war die Entscheidung, an jenem Dienstagabend miteinander zu Hause zu bleiben, auf diesen schrecklich unbequemen Sesseln zu sitzen, uns auf ihren wuchtigen, kratzenden Armlehnen an den

Händen zu halten und stundenlang Nachrichten zu schauen. Unser erster Impuls war es, nach Hause zu fahren, zu meinen und zu seinen Eltern, doch dann schauten wir uns einen Moment an und überlegten, was wir jetzt tun sollten. Wir blieben in einem Haus, das zu diesem Zeitpunkt für keinen von uns ein richtiges Zuhause war, aber ich glaube, an diesem Abend wurde es ein wenig mehr ein Zuhause.

So entsteht Familie. Nicht durch Zeremonien oder Urkunden, nicht durch Partys und Feste. Familie entsteht, wenn man sich entscheidet, sich an den Händen zu halten und beieinander zu sitzen, wenn es so aussieht, als stürze der Himmel über einem ein. Familie entsteht, wenn die Welt fremd wird und man die Orientierung verliert und das einzige Gesicht, das man erkennt, das des anderen ist. Familie entsteht, wenn die Zukunft sich wie eine Sonnenfinsternis verdunkelt und man sich in der Dunkelheit entscheidet, dass man sich dem, was in dieser Nacht geschieht, als Einheit stellt.

Deshalb danke ich dir, Aaron, dass du meine Familie geworden bist und dass du meine Familie bist. Danke, dass du mich überredet hast, die Ottomanen wieder zurückzubringen, und danke, dass du an jenem Abend bei mir gesessen hast, und an tausend anderen Abenden seit damals, und mit mir zugeschaut und zugehört hast, wie sich unsere Welt verändert. Danke für die Millionen verschiedener Arten, in denen du seit damals meine Familie warst, aber besonders danke, dass du an jenem Abend meine Familie warst.

Junge Hunde

Für Ashley, Stacey, Rosey, Stef, Mer, Krystina, Christel, Kristin, Katharine und Jes

Ich war eines Abends kurz nach unserem Umzug nach Grand Rapids sehr traurig und suchte nach den richtigen Worten, um Aaron zu beschreiben, wie ich mich fühlte: Als ich in Santa Barbara wohnte, hatten meine Freunde einen Terrier namens Little. Als Little Junge bekam, half ich, sie zu versorgen. Sie waren zu sechst in einer Pappschachtel, sie kuschelten sich eng aneinander, um sich gegenseitig zu wärmen, und sie wollten nicht auf dem Arm gehalten werden, selbst wenn man sie ganz nahe an sich drückte, weil sie nur in der Schachtel bei den anderen Welpen sein wollten. Ich sagte Aaron, dass ich mich fühlte, als hätte mich jemand aus der Schachtel genommen, und ich wollte wieder zu meinen anderen Welpenfreunden zurück. Ich sagte ihm, dass ich das Gefühl hätte, die ganze Zeit zu frieren, und dass ich wieder bei den anderen kleinen Welpen sein wollte, die mich wärmten.

Vor acht Jahren begann ich in Chicago, eine Kleingruppe von Teenagermädchen zu leiten, was ein wenig ein Widerspruch in sich selbst ist, besonders wenn man diese Mädchen kennt. An dieser Gruppe war nichts klein. Sie waren Zehntklässler, als ich sie kennenlernte. Ich vertrete die Theorie, dass dieses Alter einer der Höllenkreise ist. Für die Zehntklässler, für ihre Familie und für jeden, der ihnen über den Weg läuft. Neuntklässler sind noch schüchtern und jung, in ihnen steckt immer noch irgendwie ein kleines Mädchen, und bis zur elften Klasse haben sie eine gewisse eigene Identität gefunden, einige solide Felsen, auf denen sie stehen können, aber die zehnte Klasse ist ein furchtbares Jahr, ein ganzes Jahr am Rand der Katastrophe mit allen Gefühlen und Dramen und dem Wahnsinn, den man erlebt, wenn man sich einen Stierkampf oder einen Horrorfilm anschaut. Zehn Mädchen aus der zehnten Klasse in einem einzigen Zimmer vermehren sich irgendwie, und man könnte schwören, es wären hundert.

Noch schlimmer wurde alles, weil ich sie anfangs nicht auseinanderhalten konnte. Fast die Hälfte von ihnen hatte ähnlich klingende Namen: Krystina, Christel, Kristin, Katharine, Stacey und Stephanie. Außerdem hatten sie die Teenagerangewohnheit, sich fast identisch zu kleiden. Es war, als hätten sie ein Kleidungsgeschäft gestürmt und ein Teil in jeder Farbe verlangt, zehn Kapuzensweatshirts, zehn zerrissene Jeans. Sie trugen alle helle Tops, hatten glatte, sauber gekämmte Haare und Birkenstockschuhe, und ich hatte immer das Gefühl, ich befände mich mitten in einem Wirbelsturm oder bei einer Verfolgungsjagd.

Ich hatte eigentlich gar nicht die Absicht gehabt, ihre Gruppe zu leiten. Ich bin nicht sicher, ob sie das wussten. Ich arbeitete in der Gemeinde in der Schülerarbeit mit, und wir hatten für eine Wochenendfreizeit nicht genug ehrenamtliche Mitarbeiter. Ich sagte, ich könnte eine Gruppe übernehmen. Nur für das Wochenende. Irgendwie kam bei den Mädchen aber die Information an, dass ich für immer und ewig ihre Gruppe leiten würde. Als sie das hörten, stürmten sie auf mich zu, umarmten mich und sprangen auf und nieder. Ich brachte es nicht übers Herz, ihnen zu sagen, dass ich eigentlich nur eingewilligt hatte, sie für dieses Wochenende zu lieben.

Wir überlebten das Wochenende, obwohl ich fast ständig ihre Namen verwechselte. Als wir wieder zu Hause waren, begannen wir, uns jede Woche zu treffen. Das war gut so. Ich bereitete eine Diskussion vor, und sie wollten den ganzen Abend über Tampons reden. Ich lud sie zu mir nach Hause ein und schaute sprachlos zu, wie eine von ihnen meine Küchenschränke durchwühlte und eine andere meinen Müll. Sie riefen zu jeder Tages- und Nachtzeit an, kamen unangemeldet in meiner Wohnung oder an meinem Arbeitsplatz vorbei und mussten nach ihrem Besuch bei mir offenbar nie dringend irgendwo anders hin. Sie waren manchmal so aufgeregt, mich zu sehen, dass sie mich fast umwarfen, wenn sie mich umarmten, obwohl nie mehr als fünf Tage vergingen, bis wir uns wiedersahen. Es gab strahlende Momente, auch wenn sie in jenem ersten Jahr noch sehr klein waren. Manchmal erzählte mir eine von ihnen etwas aus ihrem Leben, das tatsächlich wichtig und wahr war. Oder eine fragte mich etwas über das Leben mit Gott, was ihr auch wirklich wichtig war.

Ehrlich gesagt, hatte ich vor, ein Jahr durchzuhalten und dann aufzuhören und eine neue Leiterin für sie zu suchen. Ich arbeitete den ganzen Tag und auch abends und an den Wochenenden. Ich war verlobt und ich plante eine Hochzeit. Sie brauchten so viel mehr als ich bereit war, ihnen zu geben – mehr Zeit, mehr Ehrlichkeit, mehr Unterstützung, mehr Hilfe. Aber kurz vor dem Sommer, in dem ich vorhatte, die Gruppe abzugeben, passierte etwas. In mir passierte etwas.

Irgendwo zwischen dem Wühlen in meinem Müll und den Fragen über Tampons, zwischen den Theaterproben und Spielen und Telefonanrufen gruben sie sich tief in mein Leben und in mein Herz ein. Sie wurden eine Mischung aus Freundinnen, kleinen Schwestern und Abbildern meines jüngeren Ichs. Sie wurden ein zentraler Teil meiner Welt, meiner Gedanken, meiner Gebete. Mein Terminplan drehte sich immer mehr um ihre Prüfungstermine und Verabredungen und Probleme, und mein Zuhause wurde für diese skurrile, quirlige, kleine, chaotische Mädchengruppe immer mehr zu einem sicheren Landeplatz.

Ich begann, sie zu lieben, nicht weil sie die besten, tugendhaftesten Mädchen in unserer Gemeinde waren, denn das waren sie wirklich nicht. Sie hatten ihre positiven Momente, und sie hatten Momente, in denen sie absolut verrückt waren. Ich liebte sie, weil sie meine Mädchen waren, weil wir wir waren, wegen der lustigen und süßen und sonderbaren Dinge, die sie taten und sagten. Sie sind klug und ehrlich, sie machen große Fehler und haben herrliche, strahlende Träume. Sie verlieben sich mit allen ihren Gefühlen, manchmal in die richtigen Jungen und manchmal in die falschen Jungen. Manchmal erzählen sie mir alles, und manchmal versuchen sie, mir überhaupt nichts zu erzählen, aber dann erzählen es mir die anderen. Ich glaube, zu dieser Zeit wusste ich fast alles, was ich ihrer Meinung nach nicht wissen sollte. Ich liebe sie mehr, als sie ahnen.

Als wir aus Chicago wegzogen, fiel es mir sehr schwer, sie zurückzulassen. Sie hatten mein Leben verändert. Das war etwas, das ich vorher nicht erwartet hatte. Ich hatte es für richtig gehalten, ihre Mentorin zu sein, aber ich war absolut nicht auf das vorbereitet, was dadurch in meinem eigenen Leben passieren würde. Ich fuhr in jenem ersten Jahr mehrere Male nach Chicago zurück, um mit ihnen Kleider für ihren Abschlussball zu kaufen und Fotos davon zu machen, zu ihren Abschlussfeiern und ihren Partys zu gehen und sie zu verabschieden, als sie zur Uni gingen.

In den letzten acht Jahren haben wir elf miteinander die erste Liebe, Trennungen, Scheidungen von Eltern, Hochzeiten von Eltern, den Krebs einer Mutter, den Tod einer anderen Mutter, Angstattacken, ADS, Lernprobleme, Epilepsie, Liebeskummer, Führerscheinprüfungen, Zulassungstests zur Uni, die Überdosis einer Schwester, den Selbstmord einer anderen Schwester und mehrere Beerdigungen von Freunden durchgemacht. Sie veranstalteten für mich eine Brautparty, stellten unser Hochzeitsprogramm zusammen und halfen mir, den fünfzigsten Geburtstag meiner Mutter zu organisieren. Ich ging zu ihren Musikaufführungen und Theaterstücken, schaute ihnen beim Frauenfootball zu und half ihnen, sich hübsch zu machen, wenn sie mit Jungen ausgehen wollten, und ich weinte mit ihnen, wenn eine Freundschaft in die Brüche ging, wenn sie durch Prüfungen fielen und von den Unis Absagen bekamen. Wir beteten miteinander und sangen in der Kirche miteinander Lieder. In gewisser Weise war ihre Art zu glauben ziemlich jung, aber in anderen, viel wichtigeren Bereichen lernte ich von ihnen sehr viel über praktische Theologie. Sie waren leidenschaftlich und offen und brennend in ihren Gebeten, und genauso in ihrer Frustration, wenn es aussah, als sei das tägliche Leben mit Gott schwerer, als es das eigentlich sein sollte.

Jetzt werden sie nach und nach mit ihrem Studium fertig und gehen mit Männern aus, die sie vielleicht irgendwann heiraten, und ziehen in ihre eigenen Wohnungen. Wir schreiben uns E-Mails und telefonieren miteinander. Sie besuchen mich in Michigan, und wenn ich für ein Wochenende nach Chicago fahre, treffen wir uns zum Frühstück oder zum Kaffee.

Wenn ich darüber nachdenke, wie Gott unser Leben gestaltet, wenn Menschen über wahre Gemeinschaft oder wahre Intimität sprechen, dann denke ich an diese schöne, bizarre Gruppe von Teenagermäd-

chen, die unangemeldet auftauchten und stundenlang blieben, die mir
ihre Ängste und ihre Geheimnisse anvertrauten und sich für meine
Ängste und meine Geheimnisse interessierten. Sie liebten mich mit
einer Intensität, die wahrscheinlich nur in der Jugend möglich ist, mit
einer weiten, wilden und ausdrucksstarken Kraft, und ich liebte sie
mit derselben Liebe, denn dadurch, dass ich mit ihnen zusammen war,
lebte ich, als wäre ich auch jünger.

Sie gruben etwas Gutes bei mir aus, das angefangen hatte, durch
Geschäftstermine, Hosenanzüge und Hypothekenzahlungen ver-
drängt zu werden. Sie lehrten mich mehr, als sie jemals von mir lernten, und sie gaben mir mehr, als ich ihnen je gab. Das Beste, was sie
mir gaben, waren zehn wunderbare Vorbilder und die Fähigkeit, andere mit dieser offenen Liebe zu lieben, ohne Berechnung und ohne
Zwang, wie ein Hündchen in einer Schachtel bei seinen Welpenfreunden, das sich ganz eng an sie kuschelt und sich bei ihnen warm und
geborgen fühlt.

Altes Haus

Bis vor wenigen Jahren habe ich immer in einem neuen Haus gewohnt. Aber eigentlich wollte ich schon lange in einem alten Haus wohnen. Ich hielt mich für die Art Mensch, die zu einem alten Haus passt, für jemanden, dem Charakter wichtiger ist als Perfektion, der die Schrammen und Beulen eines alten Hauses liebt. Als wir nach Grand Rapids zogen, kauften wir uns ein altes Haus, ein Haus aus den 1920er-Jahren im englischen Tudorstil mit einem schiefen Dach wie bei einem Hobbit-Haus. Ich verliebte mich von Anfang an in dieses Haus. Es hat Türbögen, Holzböden, lustige kleine Nischen und Einbauschränke. Wir zogen ein und begannen zu renovieren, zu streichen, neue Rohre und Leitungen zu verlegen.

Dann besuchte ich eine Freundin in ihrem Haus – einem neuen Haus. Plötzlich befiel mich eine starke Eifersucht, nicht weil ihr Haus modern oder groß war, sondern weil die Toilettenspülung nicht tropfte, die Fenster nicht nur wegen der dicken Farbschicht dicht waren und weil keine Türklinke klemmte. In unserem Haus gibt es einen Türgriff, der so fürchterlich klemmt, dass ich nicht ins Zimmer komme, wenn mein Mann nicht daheim ist, um mir die Tür aufzumachen. Ich muss aufpassen, dass ich nichts Wichtiges hinter dieser Tür vergesse, wenn er wegfährt.

Ich war so eifersüchtig auf das neue Haus meiner Freundin, dass ich, als ich nach Hause kam, nur noch die Unvollkommenheiten sehen konnte, die Dinge, die repariert werden mussten und noch nicht repariert waren. Die Böden sind uneben, die Fliesen haben Sprünge, die Schubladen quietschen und die Heizkörper klirren. Wir haben sowohl Fledermäuse als auch Mäuse. Der Keller riecht komisch, und erst vor Kurzem fand ich einige große Stücke der Kellerdecke auf dem Fußboden. Ich bin kein Bauingenieur, aber ich glaube, das ist kein gutes Zeichen.

Ich halte mich für eine Frau, die gern in alten Häusern lebt, aber vermutlich steckt in mir immer noch viel Sehnsucht nach einem neuen Haus. Ich will die Unvollkommenheiten lieben, aber in schwachen Augenblicken ist mein Wunsch nach einer Klimaanlage und einer Arbeitsplatte aus Granit so stark, dass ich es kaum aushalte. Ein Grund dafür ist leider meine Sorge, was andere Leute denken könnten. Ich bin ziemlich sicher, dass unser Haus das berüchtigtste Haus in der ganzen Nachbarschaft ist und dass unsere Nachbarn jedes Mal, wenn sie an unserem Zaun vorbeifahren, sich missbilligend darüber äußern.

Als ich mich eines Morgens im Badezimmer fertig machte und Make-up auftrug, fiel mein Blick durch das Fenster auf die Straße. Eine Frau fuhr sehr langsam an unserem Haus vorbei, als wollte sie alles kontrollieren und uns von oben bis unten begutachten. Ich musste mich stark beherrschen, um nicht aus dem Fenster zu schreien: »Wir geben unser Bestes! Wir sind doch gerade erst eingezogen! Wir haben keine Ahnung von Gartenarbeit, und man kann nicht alles auf einmal lernen!«

Aber ich kannte diese Frau nicht. Die Person, die ein Problem mit dem Haus hat, bin eindeutig ich selbst. Dabei geht es gar nicht um das Haus. Es geht um mich. Ich kann nicht noch mehr Dinge in meinem Leben ertragen, die nicht richtig laufen, weil ich das Gefühl habe, das sei alles, was ich habe. Ich habe das Gefühl, jeder Teil meines Lebens habe Beulen und Schrammen und kaputte Teile.

Ich möchte gern glänzend, neu und richtig zusammengebaut sein, aber das schaffe ich einfach nicht. Die Dinge, die ich zu vergessen versuche, gehen nicht weg, und die Fehler, die ich mache, verschwinden nicht einfach. Ich habe viel Ähnlichkeit mit meinem alten Haus, das Risse hat, bei dem nicht alles zusammenpasst und das an manchen Stellen schlecht zusammengeflickt ist.

An meinen schlimmsten Tagen fange ich an zu glauben, Gott wolle Perfektion. Gott sei ein Gott, der auf neue Häuser steht. Alles müsse richtig funktionieren, ohne Risse im Putz und ohne gesprungene Fliesen. Dass ich eine Komplettrenovierung bräuchte. Ich denke immer, dass die Menschen, die Gott mag, blitzsaubere und ordentliche Leute sind, durch deren Garagendach es nicht hineinregnet, aber in Wirklichkeit sind viele von den Menschen, die Gott benutzt, um mit ihnen tolle Dinge zu tun, Menschen, die nicht unbedingt alles auf die Reihe kriegen. Viele gute Geschichten in der Bibel, Geschichten, in denen Gott heilige, wunderbare Dinge durch Menschen wirkt, geschehen durch Personen mit einer nicht ganz einwandfreien Vergangenheit, durch Leute, die größere Reparaturen nötig haben.

An meinen besten Tagen entscheide ich mich für einen Solidaritätsakt mit meinem Haus, da wir beide irgendwie seltsame, nicht ganz zusammenpassende, unperfekte, schief zusammengeschraubte Dinge sind, und ich lasse es einfach ein altes, noch nicht überall renoviertes Haus sein, während ich mich darin übe, ein nicht rundum erneuerter Mensch zu sein. Ich ziehe meine hässliche Hose an, die weite, gelbe Frotteehose mit den ständig schmutzigen Säumen, und ich gehe durch mein Haus und schaue mir die ganzen Sachen an, die eines Tages repariert werden sollten, aber ich repariere sie nicht sofort. Ich stelle mir vor, dass Gott die ganzen Sachen an mir anschaut, die eines Tages repariert werden müssen, und dass er mich trotzdem liebt und sich im Moment nicht an meinem Chaos stört.

Ich will glauben, dass Gott mich so liebt, wie ich bin, auch wenn ich nie vollkommen sein werde. Ich lege meine Hand auf den unebenen, holprigen Putz, und ich denke dankbare Gedanken über die Wände. Dann lege ich meine Hand auf den Boden, und ich denke dankbare Gedanken über den Fußboden, auch wenn er zerkratzt und fleckig ist und man sehen kann, wo einer meiner schwarzen Absätze seine kleine Kappe verloren hat und das Metallteil überall winzige, runde Löcher im Boden hinterlassen hat, als wären Konfettis ins Holz gestempelt worden. Ich stelle mir vor, dass Gott das auch mit mir macht, dass er seine Hand auf meinen Kopf legt, auf mein Herz, auf meine ganze Unsicherheit, und dankbare Gedanken über mich denkt, während er das tut.

In meinen besten Momenten, wenn ich mich beruhige und gut zuhöre, sagt Gott: »Ich habe von dir nicht verlangt, dass du heute neu und besser werden musst. Das war nicht das Ziel. Du warst gestern kaputt und sonderbar und das bist du heute immer noch. Die Einzige, die sich deshalb verrückt macht, bist du.«

Ich hasse dieses Haus manchmal, weil es nicht so ist, wie ich es gern hätte. Manchmal hasse ich mich selbst, weil ich nicht so bin, wie ich mich gern hätte. Aber nach und nach lehrt mich mein originelles, altes, renovierungsbedürftiges Haus, dass ich gut genug bin. Vielleicht packen wir in einem halben Jahr den nächsten Hausrenovierungsschritt an; vielleicht tun wir das auch nicht. Mein Haus sorgt dafür, dass ich warm und trocken wohne, und ich versuche, zu meinem Haus und auch zu mir selbst nett und barmherzig zu sein.

Insel

Für die Familie Rasmussen

Seit über zehn Jahren fährt unsere Familie zum Familienurlaub auf eine kleine Insel. Die Insel ist sechs Kilometer lang, es gibt dort mehr streunende Hunde und frei herumlaufende Hühner als Autos, und das Wasser ist das hellblaueste, das man sich vorstellen kann, blendend und surreal. Alles ist ein bisschen feucht und riecht nach Salz, Rum und Pommes. Die Brandung des Meeres lässt einen alles vergessen und gibt einem das Gefühl, eine Million Kilometer von zu Hause fort zu sein. Wir haben kein Telefon und kein Internet, keine Schlüssel zu dem kleinen Haus, in dem wir wohnen, kein Auto. Wir lassen die Fenster offen, damit die Meeresluft ins Haus ziehen kann, wir fahren in einem Golfwagen herum und lassen im Lebensmittelgeschäft anschreiben, wenn wir schnell eine Packung englische Ingwernusskekse oder einen Sechserpack Cola holen. Es gibt einen kleinen Laden, der uns frischen Hummer verkauft, wenn wir gleich, nachdem sie ihren Fang des Tages von den Booten holen, kommen, und einen anderen Laden, der köstliche, klebrige Backwaren verkauft.

Wir lieben diese Insel. Dafür gibt es tausend Gründe: Die Mischung aus Wellen, Sand und Ziegen, die an Holzpfosten gebunden sind, das schimmernde Grünblau des Wassers, der Geruch nach frittierten Muscheln, die in ihre geheimnisvolle Soße getaucht werden, die ich irgendwann endlich als Ketchup mit Mayonnaise identifiziert habe – diese Sachen machen diese Insel magisch, machen sie seit über einem Jahrzehnt zum Hintergrund für unsere Familienerinnerungen. Dazu kommt der fast ohrenbetäubende Wind, die kühle Luft in der Nacht, die Inselbewohner, Ladenbesitzer und Fischer, die wir jedes Jahr sehen, der bewölkte Himmel über der Bucht bei Sonnenuntergang, die Mangroven und die Sterne auf der Straße zum Club bei Nacht, die so klar sind und leuchten wie Murmeln.

Aber es ist noch mehr. Es ist auch unsere Familie, die sich verändert, wenn wir dort sind. Auf dieser Insel führen wir ein wunderbares Familienleben. Wir sind entspannt, kommen uns nahe und leben ohne Zeitplan oder Termine. Wir führen Gespräche, die sich träge entfalten und sich über Tage erstrecken und nicht nur über Minuten. Wir erzählen Geschichten, die jeder schon gehört hat, und es stört uns nicht, weil wir nichts anderes zu tun haben und nirgendwo anders sein müssen. Wir sind für nichts verantwortlich, und wir legen den Weg erst fest, wenn wir schon unterwegs sind. Wir fahren schon lang genug auf diese Insel, um unsere festen Muster zu haben, wie abgetragene Flecken auf einem Teppich, Muster, die sich zu Traditionen entwickelt haben; Dinge, die man, ohne nachzudenken, tut, die einem vertraut und sinnvoll erscheinen. Der Klang des Windes, der bellenden Hunde und der Stahltrommeln kommt uns wie unser eigener Klang vor, der Geschmack nach frittierten Muscheln, Rumpunsch, Kokosnussbrot und Hummer ist unser Geschmack, der Geschmack nach Urlaub, der Geschmack und Geruch und die Geräusche unserer Familie.

Wir schlafen tief, weil das Donnern der Wellen gegen die Felsen uns wie Babys schlafen lässt. Wir wachen früh auf, und jeder findet seinen eigenen Platz, um zu lesen, zu schreiben und Kaffee zu trinken, bevor die Milde des Morgens in die Hitze des Tages übergeht. Im Urlaub ist der Kaffee der kulinarische Beitrag meines Vaters, und er misst am Abend immer voll Stolz das Wasser und den Kaffee ab. Wir frühstücken auf der Veranda, gegen deren Seitenwand die Zweige peitschen und der Wind weht, während die Sonne sich auf dem Wasser widerspiegelt.

Wir mieten jedes Jahr ein Boot. Die Boote variieren jedes Jahr von leicht abgenutzt bis völlig abgeblättert. Wir schlängeln uns durch die seichten Stellen, halten den Atem an und hoffen, wir laufen nicht auf Grund. Wir springen ins Wasser, um zu schnorcheln, wenn wir einen Fischschwarm oder ein verheißungsvolles Riff sehen. Es ist heiß, bis die Sonne hinter den Wolken untergeht, und dann streiten wir alle um ein paar feuchte Handtücher, weil wir am ganzen Körper eine Gänsehaut haben. Wenn wir zurück sind, nimmt jeder eine lange, heiße Dusche, bis wir einander zurufen, dass das Wasser bald aufgebraucht ist.

Abends schauen wir Filme an und essen sonderbare Mahlzeiten, die aus den Dingen kreiert werden, die wir im winzigen Inselladen auftreiben konnten. An Silvester bereiten wir jedes Jahr ein festliches Essen zu, essen im Kerzenschein auf der Veranda und versuchen, uns zu erinnern, wo wir in den vergangenen Jahren Silvester verbracht haben – in Washington, D.C., Minneapolis und Eagle River und dann zehn Jahre hier auf dieser skurrilen, wunderbaren Insel.

Als mein Bruder und ich noch sehr klein waren, gab es in unserer Gemeinde eine Familie, die wie Großeltern für uns waren. Die Familie ermutigte meine Eltern, Familienurlaube zu machen. Meine Eltern hatten sehr wenig Zeit und noch weniger Geld, als wir klein waren, aber auf Drängen dieser Familie hin begannen wir, Familienurlaube zu machen. Wie vermutlich bei vielen Pastorenfamilien waren es geliehene Urlaube – geliehene Minivans, geliehene Ferienwohnungen und Hütten, geliehene Zeit. Diese Urlaube waren großartig. Dank der Großzügigkeit vieler Familien in unserer Gemeinde haben wir viele Erinnerungen an Zeiten, die wir als Familie gemeinsam verbrachten.

Als der Mann und Vater der Familie, die uns damals zu unserem ersten Urlaub überredete, viel zu jung starb, saßen wir bei seiner Beerdigung mit seiner Familie zusammen und schauten mit ihr einen Urlaubsfilm nach dem anderen an. Es gab viele Fotos und Videoaufnahmen, lustige Sachen und romantische Sachen. An diesen Fotos konnte man sehen, wie ihre Familie miteinander verbunden war. Diese Bilder zeigten die Intimität und tiefe Liebe zwischen einem Mann und seiner Frau, zwischen Eltern und ihren Kindern, zwischen Großeltern und Enkelkindern.

Als der Beerdigungsgottesdienst vorbei war, stand unsere Familie einige Minuten bei ihnen an der Seite, bevor wir die Verwandtschaft und Freunde begrüßten. Mein Vater hatte schon geweint, als er beim Trauergottesdienst gesprochen und seinen lieben Freund verabschiedet hatte, aber als wir jetzt beieinander standen, begann er, herzzerreißend zu schluchzen. Es war das Schluchzen eines Mannes, der selten so von seinen Tränen überwältigt wird. Er zog uns in einen Kreis und legte die Arme um uns.

»Wir müssen auch so werden«, sagte er mit belegter Stimme. »Wir müssen so werden wie diese Familie. Wir müssen uns jetzt die Zeit dafür nehmen, denn etwas Wichtigeres gibt es nicht.« Er beugte den Kopf und weinte. »Wir müssen auch so werden.«

Unsere Familienurlaube tragen seitdem auch die Bedeutungsschwere jenes Tages, denn wir wissen, dass eines Tages unsere Familie genauso trauern wird, und wir wollen dann ebenfalls so tiefe und vielfältige Erinnerungen haben. Ich will, dass meine Kinder meine Eltern kennen, nicht nur durch E-Mails und kurze Wochenendbesuche. Ich will, dass mein Vater ihnen eines Tages das Schnorcheln beibringt, so wie er es mich gelehrt hat, als er direkt vor mir schwamm, den Arm zur Seite streckte, ich mich an diesem Arm festhalten durfte und er mich mit sich zog.

Ich will jede einzelne Kleinigkeit hören, die mein Bruder mir zu sagen hat. Todd ist ein Mann weniger Worte, aber hin und wieder fängt er im Urlaub an zu sprechen, wenn wir mit dem Golfwagen zum Club fahren oder das Boot am Ende des Tages wegbringen. Ich kann ihn durch E-Mails oder das Handy über sein Leben oder seine Freundin oder seine Arbeit löchern und erfahre meistens nur sehr wenig; aber im Urlaub fängt er manchmal an zu reden; und wenn das passiert, will ich da sein, selbst wenn das bedeutet, dass wir am Strand sitzen, bis die Sonne untergeht und wir frieren, oder selbst wenn ich auf dem Hartplatz in der Stadt mit ihm Basketball spielen muss.

Meine Mutter, mein Vater und mein Bruder wurden im Laufe der Jahre zu meinen engsten Freunden, zu den Leuten, die mir die unangenehmsten Wahrheiten sagen, wenn ich sie hören muss, die mir ein weiches Bett bereiten, in dem ich mich ausruhen kann, und die mir eine strahlende Zukunft vor Augen malen, wenn mir selbst alles nur düster und aussichtslos erscheint. Familien haben die Wahl, welchen Weg sie einschlagen, und es ist nicht mein Verdienst, dass wir diesen Weg gegangen sind. Ich nehme es als kostbares Geschenk an, ich halte diesen Gewinn fest in der Hand, und ich nutze jede Gelegenheit, die ich bekomme, um bei ihnen zu sein, für einen Nachmittag, für ein Wochenende, für einen Urlaub. Jeder dieser Momente ist für mich, als hätte ich einen neuen Hauptgewinn gezogen.

Wir haben auf dieser kleinen Insel so viele Erinnerungen wie möglich geschaffen, sie mit Liebe, Gesprächen, Geschichten, langen Spaziergängen, Mahlzeiten und Bootsfahrten angefüllt, denn es wird ein Tag kommen, an dem wir nichts anderes haben als Erinnerungen; und ich will dann wissen, dass wir genügend Erinnerungen haben, die uns für den Rest unseres Lebens begleiten. Ich will Erinnerungen wie Goldmünzen in meinem Sparstrumpf sammeln, denn ich werde sie eines Tages brauchen, um die schweren Zeiten leichter zu überstehen.

Urlaub ist mehr als Urlaub, und diese Insel ist mehr als eine Insel. Urlaub ist, wenn man die Minuten, Stunden und Tage mit beiden Händen ergreift. Es wird ein Tag kommen, an dem es unsere Familie, wie wir sie kennen, nicht mehr geben wird. Wenn es so weit ist, will ich wissen, dass ich nicht im Büro war oder Geschirr gespült habe, als ich mit meinem Vater am Strand hätte spazieren gehen können, als ich mit meiner Mutter auf der Veranda Tee hätte trinken und Ingwerplätzchen essen können. Ich will nicht an meinem Bankkonto oder meinem Waschbrettbauch oder meinem Traumhaus arbeiten, wenn ich an Silvester mit Aaron in der Strandbar tanzen könnte, wenn ich Käsebrote zum Abendessen machen könnte, weil wir so lange mit dem Boot unterwegs waren, bis alle Geschäfte geschlossen waren, mit einem leichten Sonnenbrand und voll Sand und vom Wind durchgepustet und so glücklich, weil wir hier sind und weil wir zusammen sind.

Schwimmen

Während meiner Collegezeit arbeitete ich jedes Jahr im Sommer in einem Ferienlager mit. Es war unerträglich heiß und feucht, als würde man in einem Fön leben, und es roch nach süßlichen Blumen, Moorwasser und Seife. Jeden Morgen kletterten wir verschlafen aus den Kojen, zähmten die Haare von zehn zerzausten Köpfen zu Pferdeschwänzen und wischten uns den Schlaf aus den Augen. Den ganzen Tag liefen wir zwischen unseren Hütten und dem Speisesaal, dem Bogenschießplatz, den Fußballplätzen und dem Schwimmbecken hin und her, immer im Laufschritt, immer mit laut knallenden Türen. Ich war mit meinem leicht näselnden Chicagoer Akzent und meiner verrückten kalifornischen Empfindlichkeit hoffnungslos fehl am Platz, ein Kuriosum in einer Welt, in der alle außer mir aus den Südstaaten kamen. Ich lernte den Two-Step tanzen und entwickelte eine gewisse Liebe zu Barbecuepartys.

Eine meiner besten Freundinnen, Tecia, war mehrere Sommer lang meine Kollegin. In vielen heißen Nächten saßen wir im Pyjama und mit unseren Flipflops auf der Veranda vor unserer Hütte, beteten für ein wenig Wind, beteten, dass niemand schlecht träumen oder ins Bett machen würde und erzählten uns Geschichten aus unserem Leben, so dass ihr Gesicht am Ende unserer Studentenjahre in jedem Bilderrahmen auftauchen würde, wenn jede Erinnerung auf einem Foto festgehalten worden wäre.

Am Ende dieser Freizeiten kamen die Eltern und feuerten ihre Kinder bei einem Schwimmwettbewerb an, bevor sie sie wieder mit nach Hause nahmen. Bei diesem Schwimmwettkampf sahen sie ihre Kinder das erste Mal, nachdem sie einen ganzen Monat von ihnen getrennt gewesen waren, was wirklich eine sehr lange Zeit ist, wenn die Kinder erst acht Jahre alt sind. Das Schwimmbecken ist mit Wimpeln geschmückt, und der Himmel ist irgendwie immer blau und wolkenlos. Die Eltern sitzen auf der Tribüne und fangen an zu rufen, zu winken und Fotos zu machen, wenn die Kinder kommen, sich nach ihren Eltern umsehen und mit ihren braun gebrannten Armen aufgeregt winken.

Alle Mitarbeiter haben bei diesem Wettbewerb eine feste Aufgabe. Einige sind Mutmacher. Das heißt, dass wir für eine Bahn eingeteilt sind und dass wir alberne Kostüme wie Tanzröckchen, Cowboystiefel, Regenbogenperücken und Engelsflügel anhaben. Unsere Aufgabe ist es, das Mädchen anzufeuern, das auf unserer Bahn schwimmt, und ihm zu helfen, beim Wettschwimmen gut abzuschneiden.

Bei einem solchen Wettkampf war ich Mutmacherin auf Bahn fünf, also auf der Seite, die am weitesten von der Tribüne mit den Eltern entfernt ist. Es war ein langer Wettkampf, bei dem mehrere Bahnen geschwommen werden mussten. Das Mädchen auf meiner Bahn, Jessie, wurde allmählich müde. »Du machst das super, Jessie«, schrie ich. »Du schaffst es. Weiter so.« Sie schwamm zu ihrer letzten Bahn los, und ich sah ihr an, dass sie gleich weinen würde. Sie war müde, und der Weg zum anderen Beckenrand erschien ihr viel zu lang. Sie ging einen Moment unter, nicht so, als würde sie ertrinken, aber so, als wollte sie aufgeben und zum Beckenrand hinter sich umkehren. »Schau mich an, Jessie!«, rief ich. »Du hast es fast geschafft! Du kannst es bis zu mir schaffen!« Sie schaute mich kopfschüttelnd an, sie bekam Angst, geriet ein wenig in Panik und schluckte Wasser. Schnell sprang ich ins Wasser und schwamm zu ihr. Wenn ich sie berührte, würde sie disqualifiziert werden, aber wenn sie einfach neben mir blieb und wusste, dass ich da war, falls sie mich brauchte, konnte sie es bis zum Ziel schaffen. Und ich wusste, dass sie das wollte, dass sie ihren Eltern zeigen wollte, was sie konnte. Es wäre für sie peinlich gewesen, wenn ich sie gerettet hätte, denn eigentlich hatte sie das nicht nötig. Sie brauchte nur jemanden, der so nahe neben ihr war, dass sie nicht wieder Angst bekam. Ich schwamm neben ihr, aber ohne sie zu berühren. Während wir langsam weiterschwammen, redete ich ruhig auf sie ein. Ich sagte ihr immer wieder: »Du bist gut, Jessie. Du bist stark, und du kannst das schaffen. Ich bin bei dir, aber du schaffst es allein.« Als wir am Ziel ankamen und sie am Beckenrand anschlug, zog ich sie aus dem Wasser. Sie war hundemüde, völlig ausgelaugt und den Tränen nahe, aber trotzdem schaute sie als Erstes zu ihrer Mama hinauf und winkte.

Nach dem Wettkampf war ich patschnass und erschöpft. Ich hatte immer noch eine verrückte Perücke auf und ein triefendes Ballettröckchen an. Jessies Mutter kam auf mich zu, als ich am Beckenrand aufräumte. Sie ergriff meinen Arm und schaute mir in die Augen. »Solange Sie keine eigenen Kinder haben«, sagte sie, »werden Sie nie wissen, was das für ein Gefühl ist. Als Mutter wollte ich am liebsten von der Tribüne hinunterlaufen und voll angezogen ins Wasser springen, um mit meiner Tochter diese Bahn zu Ende zu schwimmen. Ich bin Ihnen so dankbar, dass Sie das an meiner Stelle getan haben. Danke, dass Sie sich so um mein Kind gekümmert haben, wie ich es getan hätte, wenn ich bei ihr gewesen wäre.«

So sieht für mich Freundschaft aus. Freundschaft bedeutet, Menschen auf greifbare Art Gottes Liebe zu zeigen. Wir sind dazu gemacht, im Leben von anderen Menschen Gottes Liebe sichtbar werden zu lassen, sodass jeder Mensch, mit dem wir durchs Leben gehen, tiefer spürt, dass Gott ihn liebt. Freundschaft ist eine Gelegenheit, im Leben von Menschen, die uns nahestehen, in Gottes Namen zu handeln. Dadurch erinnern wir uns gegenseitig daran, wer Gott ist. Wenn wir zu der schwierigen, persönlichen Arbeit bereit sind, die eine Freundschaft manchmal erfordert, erleben wir ein wenig mehr von Gottes Wirken in unserem täglichen Leben. Wir erinnern einander an das größere, schönere Bild, das wir von der Stelle aus, an der wir stehen, nicht immer sehen können.

Im letzten Jahr war ich in meinem Lieblingsbuchladen. Ich ging dorthin, weil ich mich irgendwie matt und schwach fühlte. Normalerweise fühle ich mich wieder besser, wenn ich in einen Buchladen gehe. Ich schaute die Karten mit den Sprüchen durch. Es waren Karten mit großen, inspirierenden »Nutze-deine-Chance«-Sprüchen von Leuten wie Eleanor Roosevelt und Albert Einstein. Wenn man diese Karten an einem guten Tag liest, denkt man: »Jawohl, das mache ich, Eleanor Roosevelt. Ich werde die Welt in kleinen Schritten verändern!« Aber an einem schlechten, niedergeschlagenen Tag liest man sie und denkt: »Ach ja, deshalb sind diese Leute so berühmt. Weil sie wunderbare, inspirierende Dinge tun. Mich hingegen kostet es meine ganze Kraft, diesen Tag zu überstehen, ohne zu weinen oder den Verstand zu verlieren.« Ich schaute mir also diese Karten an, die ich normalerweise förmlich in mich aufsauge, aber an jenem Abend fühlte ich mich ausgelaugt und leer. Ich schaute mir diese große Wand mit den Karten an, und bei jeder wurde mein Gefühl, unfähig und innerlich ausgelaugt zu sein, stärker. Ich erlebte genau das Gegenteil von Inspiration und Hoffnung. Dann sah ich eine Karte in der Ecke. Mit schwarzen Buchstaben auf weißem Hintergrund stand darauf: »Du auch? Ich dachte, nur mir ginge es so.«

Diese Karte rührte etwas in mir an. Mitten in diesem Buchladen fing ich vor dem Kartenständer an zu weinen. Wirklich zu weinen. Tränen, die sich schon lang in mir aufgestaut hatten. An jenem Abend brauchte ich keine großen, wunderbaren, schönen Worte von wichtigen Leuten. Mir tat es einfach gut, von jemandem gesagt zu bekommen, dass ich nicht allein bin. »Du auch? Ich dachte, nur mir ginge es so.«

Echte Freundschaft ist etwas Heiliges, etwas Wichtiges. Sie geschieht, wenn wir die tiefere Ebene unseres Ichs zum Vorschein kommen lassen, wenn wir die kaputten, zerbrechlichen Teile unserer Persönlichkeit nicht länger verbergen. Um eine solche Freundschaft zu erleben, müssen wir etwas aufgeben. Wir müssen unser Bedürfnis, vollkommen sein zu wollen, aufgeben. Wir müssen den Wunsch aufgeben, steuern zu wollen, was andere von uns denken. Wir müssen die Angst überwinden, dass die anderen gehen, wenn sie sehen, wer wir in der Tiefe sind. Aber das, was wir aufgeben, ist nichts im Vergleich zu dem, was eine solche Freundschaft uns schenken kann. Freundschaft ist mit Risiken verbunden. Liebe ist mit Risiken verbunden. Wenn wir sie kontrollieren und beherrschen und selbst machen können, ist es keine Freundschaft. Wirkliche Liebe, wirkliche Freundschaft ist mit einem gewissen Risiko verbunden.

Meine Freundin Annette und ich lernten uns in unserem ersten Jahr an der Uni kennen. Annette war lustig und liebte Spaß, sie stand mit beiden Beinen im Leben, war stark, klug, weise, und ich nahm ihre

Worte immer sehr ernst. Sie fuhr einen roten Jeep und war in meinen Augen die typische Kalifornierin. Ich war in ihren Augen bestimmt das typische Mädchen aus dem Mittleren Westen. Sie machte sich darüber lustig, wie ich manche Wörter aussprach und lachte über meinen züchtigen, einteiligen Badeanzug.

Wir waren Stammgäste im Summerland Beach Café. Als wir das erste Mal hingingen, aß ich ein süßes Zimtteilchen und trank ungefähr zwei Liter schwarzen Kaffee, sie bestellte das Rancherfrühstück mit Pfannkuchen, Eiern, Kartoffeln und Speck. Von diesem Frühstück wären drei Männer satt geworden. Ich konnte kaum fassen, dass diese zierliche Blondine so viel Essen verdrücken konnte. Wir gingen regelmäßig am Cabrillo Beach schwimmen statt in unseren Wissenschaftskurs, und wir brachen jede Woche auf, um miteinander zu joggen, und landeten genauso regelmäßig am Strand, wo wir uns Margaritas bestellten oder einen kostenlosen Eiskaffee bei Starbucks tranken, den wir uns von ihrer Freundin, die dort arbeitete, erbettelten.

Wir sagten immer, dass wir eines Tages in derselben Stadt wohnen wollten, aber sie heiratete und wohnte in der Stadt, in der sie aufgewachsen war, und dann heiratete ich und wohnte in der Stadt, in der ich aufgewachsen war. Vor drei Jahren aber zogen sie und ihr Mann von San Diego nach Grand Rapids, zum einen aus beruflichen Gründen, aber auch weil sie eine Gemeinde suchten und weil wir nie aufgehört hatten, davon zu sprechen, wie es wäre, uns im Alltag zu sehen und enge Freundinnen zu sein, die wir durch Wochenendbesuche und E-Mails nie sein konnten.

Am Tag nach Ostern kamen sie bei uns an. Annette, ihr Mann Andrew, ihr fünfundneunzig Pfund schwerer Hund Sydney und eine seltsame Ansammlung von Dingen, darunter eine große Tüte mit Tee und eine ungewöhnlich große Tüte mit Gewürzen. Offenbar hatte Annettes Mutter ihnen gesagt, dass ein Umzug teuer genug sei, ohne dass auch noch der Tee und die Gewürze monatelang eingelagert werden und man alles neu kaufen müsse. Sie hatten also jeder je zwei Hosen dabei, aber genug Koriander und Earl Grey für ein ganzes Jahr.

Während ihrer Haussuche wohnten sie bei uns. Zwei Monate lang stolperten wir vier und der Hund ständig übereinander, lachten und erzählten Geschichten und sprachen darüber, wie anstrengend und mühsam ein Umzug sei. An dem Tag, an dem sie in ihr neues Haus zogen, brachen sie auf, als wir noch schliefen. Ich fand später eine Karte von ihnen auf dem Küchentisch. Als ich den Umschlag öffnete, rutschte ein Schlüssel heraus. Ich fing an zu weinen, denn diese besondere, verrückte Zeit war jetzt vorbei, und sie gaben uns unseren Schlüssel zurück. Ich dachte daran, wie herzlich, lustig und komisch unsere kleine Wohngemeinschaft gewesen war, als wir vier versuchten, das Essen vorzubereiten und dabei über alte und neue Sachen redeten und darüber lachten, wie chaotisch es mit so vielen Leuten auf so engem Raum war. Dann las ich die Karte und stellte fest: Es war gar nicht unser Hausschlüssel. Es war der Schlüssel von ihrem neuen Haus. Auf der Karte stand: »Ihr gehört genauso sehr zu unserem Haus, wie wir zu euch gehören.«

Niemand würde einem je raten, dass man die Zimmernachbarin aus dem Studentenwohnheim mit ihrem Mann und ihrem Hund quer durch das ganze Land ziehen und zwei Monate lang bei sich im Haus wohnen lassen sollte. Aber das gehört zu diesen seltenen, schönen Dingen im Leben. Von Annette lerne ich immer wieder: Je näher man einander kommt, umso mehr beschenkt einen diese Freundschaft und umso mehr Kraft steckt darin, die unser Leben größer und reicher macht.

Vielleicht ist einiges von dem, was wir tun, stellvertretend für die Güte und Liebe Gottes, die wir greifbar erleben. Wir bringen den Menschen in unserem Leben diese Liebe entgegen, und manchmal bringen die anderen uns diese Liebe entgegen. Wenn unser Freund es nicht bis zum anderen Beckenrand schafft, springen wir voll angezogen ins Wasser und schwimmen neben ihm her.

Französischunterricht

Als ich sieben war, wollte ich unbedingt Französisch lernen. Die kleine Schule, an die ich ging, bot freiwillige Französischkurse an, die von der Mutter meiner Freundin gehalten wurden. Ich wollte unbedingt in diesen Französischunterricht. Meine Mutter sagte, ich könne hingehen, aber ich müsse durchhalten. Wenn ich lang genug dabeibliebe, könnte ich eines Tages vielleicht sogar nach Paris fahren. Ich besuchte regelmäßig den Unterricht und liebte diese Stunden. Mrs. Grau war eine wunderbare, einfallsreiche Lehrerin. Statt lange Listen mit Substantiven und Verben auswendig lernen zu müssen, lernten wir die Sprache in kleinen Einheiten, die alle auf irgendwelchen Erlebnissen beruhten. Als Erstes flogen wir mit dem Flugzeug. Wir lernten, wie man Flugtickets kauft und wie man seine Bordkarte bekommt. Wir lernten die Wörter für Koffer, Zahnbürste, Reisepass und Pullover, alles, was man für eine *Voyage* braucht.

Als wir alle Wörter und Formulierungen gelernt hatten, kamen wir an einem wunderbaren Tag ins Klassenzimmer und sie verkündete uns, dass heute der Tag für unsere Reise wäre. *»Bon Voyage!«,* rief sie, als wir eintraten. Das ganze Zimmer war umgestellt. Sie erklärte uns, dass der Tisch der Flugkartenschalter sei, dass das Pult das Gate sei und dass hinter jener Tür das Flugzeug warte. Wir waren begeistert und sammelten die kleinen Flugtickets und die Reisepässe ein, die sie uns gebastelt hatte, stellten uns gehorsam in einer Reihe auf und warteten darauf, dem Ticketverkäufer, dem Piloten und der Stewardess unsere gut eingeübten Sätze aufzusagen. Diese Personen wurden alle von Mrs. Grau gespielt, die eine Schärpe oder einen angeklebten Schnurrbart trug oder eine Nadel, die wie Flügel geformt war. Nach unserem großen Flug lernten wir die Wörter, die man braucht, um in einem französischen Restaurant zu essen, danach alles, was man im Krankenhaus braucht, dann auf dem Markt, dann die Zimmer eines Hauses. Französisch zu sprechen kam mir vor wie das Zusammenbauen eines Puzzles.

Jahre später, als ich meine achte Klasse abgeschlossen hatte, bestieg ich ganz allein ein Flugzeug und flog von Chicago nach Cincinnati und weiter nach New York, von dort aus weiter nach Frankfurt und schließlich zum Flughafen Charles de Gaulle in Paris. Ich fühlte mich so erwachsen und erinnere mich, dass ich dachte, ich sähe wahrscheinlich aus wie zwanzig und auf jeden Fall wie eine echte Pariserin. Aber wenn ich mir heute die Bilder anschaue, auf denen ich strahlend vor der Sacré Cœur oder vor Versailles stehe, war ich ein pummeliges, blondes Mädchen mit einem lächerlich blau-weiß gestreiften Pullover, einer Liz-Claiborne-Tasche und auffallenden, weißen Turnschuhen, umgeben von schlanken, dunkelhaarigen Pariserinnen, die alle schwarz gekleidet waren.

Einer der besten Sprüche meines Vaters war der Satz, dass die Schule nie meine Bildung behindern solle. Ich glaube, sein Vater hatte zu ihm das Gleiche gesagt. Damit meinte er unter anderem, dass man mit dreizehn alt genug sei, um allein zu verreisen. Ich war mit ihm schon jahrelang auf Reisen gewesen. Er hatte dafür gesorgt, dass ich nach und nach lernte, mich in fremden Ländern zurechtzufinden. Manchmal durfte ich mich am Schalter anstellen, damit ich lernte, wie man eincheckt, oder ich durfte herausfinden, welchen Zug wir nehmen mussten oder wen ich nach einem Hotel fragen musste. Manchmal sagte er mir, wenn die Situation vorbei war, wie ich das nächste Mal schneller zu einem besseren Ergebnis kommen konnte.

Als ich zwölf war, waren wir am Flughafen O' Hare in Chicago und wollten nach Indien und danach nach Europa fliegen. Die Frau am Gate fragte mich, ob ich meinen Koffer selbst gepackt hätte. Ich sagte ja. Als sie mich fragte, ob jemand mich gebeten habe, etwas von ihm mitzunehmen, sagte ich: »Ja! Aber ja! Jemand hat mir viele kleine Päckchen gegeben, die ich mitnehmen soll. Ich weiß nicht einmal, was darin ist!« Ich lächelte die Frau hinter dem Schalter an und freute mich, dass ich ihr etwas so Wichtiges erzählen konnte. Mein Vater schaute mich an, als hätte ich mich in einen Frosch verwandelt. Und als sei er ein bisschen wütend auf diesen Frosch.

Als wir endlich den Schalter verlassen konnten, nachdem ich zwanzig Päckchen mit Aufklebern, Lippenstiften und Glitzerstiften ausgewickelt und auf dem ganzen Tisch und dem Boden Papier und Schleifen verstreut hatte, sagte mein Vater mit einer Stimme, die ein wenig heiser klang, zu mir, wenn ich gefragt würde, ob mir jemand etwas mitgegeben habe, seien damit nicht Leute aus unserer Gemeinde gemeint, die mir für jeden Tag, den ich fort war, ein kleines Geschenk mitgegeben hatten. Vielmehr sei damit gemeint, sprach er angespannt weiter, ob ein Mann, den ich noch nie zuvor gesehen habe, mich in eine dunkle Ecke gelockt und gezwungen habe, ein Päckchen mitzunehmen, das in braunes Papier gewickelt ist und tickende Geräusche von sich gibt. Er marschierte wirklich sehr schnell auf unseren Flugsteig zu, und ich musste ein bisschen laufen, um ihn einzuholen. »Verstanden«, sagte ich und war außer Atem, weil es so anstrengend war, mit ihm Schritt zu halten. »Aber findest du nicht auch, dass diese Aufkleber total süß sind?«

Bei diesem Flug nach Paris ein Jahr später sagte ich mir leise meine Sätze vor, die ich sagen musste und umklammerte meine kleine Tasche mit meinem Pass, meiner Kreditkarte und den Flugtickets, als wären sie meine besten Freunde. Als ich am Flughafen Charles de Gaulle ankam, pickte ich aus dem Gepäck meinen Rollkoffer heraus und den Stadtplan, auf dem ich mir meinen Weg markiert hatte, und ging über die Brücken zu der Wohnung, in der ich wohnen würde. Meine Eltern hatten eine Freundin, die als Künstlerin in Paris lebte und versprochen hatte, dass ich eine Woche bei ihr wohnen könne. Allerdings hatten wir vor meiner Abreise nicht darüber gesprochen, dass sie, statt Miete zu zahlen, den ganzen Tag in ihrem Gebäude Telefondienst hatte, sodass ich, wenn ich in Paris irgendetwas sehen wollte, es allein finden musste.

Jeden Morgen brachte sie mir *chocolat chaud* und ein Baguette, und wir breiteten den Stadtplan auf dem Boden aus und erstellten Listen von allen Plätzen, an die Mrs. Grau mich in unserem kleinen Klassenzimmer mit ihrem unechten Schnurrbart und ihrer Baskenmütze geführt hatte. Es war zauberhaft. Es war, als lese man tausendmal *Alice im Wunderland* und falle dann tatsächlich in das Kaninchenloch. Ich schlenderte den ganzen Tag durch die Stadt, fuhr mit der Métro oder dem Bus, lief über die Brücken zum Musée d'Orsay und zur

Place des Invalides und zum Centre Pompidou. Ich aß zu jeder Mahlzeit Crêpes mit Nutella, weil ich dreizehn war und niemand da war, der mich daran hindern konnte. Ich stieg die hohen Stufen zu Montmartre und Sacré Cœur hinauf, schlenderte an den Straßenkünstlern und Verkäufern vorbei und übte meine Sätze mehrere Male aufgeregt, bevor ich sie in einem einzigen Atemzug aussprach: »Mir gefällt Ihr Bild!«, oder: »Was für ein schöner Hund!«

Ich weiß, dass ich vorher schon glücklich war, dass es viele Dinge gab, die mich glücklich machten. Ich liebte das Tanzen und ich liebte das Schwimmen, aber auf dieser Reise passierte etwas mit mir. Es war der Anfang einer Liebesgeschichte, besonders mit Paris, aber noch mehr verliebte ich mich in das Reisen, und vor allem fand ich es schön, allein zu reisen. Ich fühlte mich so klein und so anonym, umgeben von den Geräuschen, Gerüchen und Anblicken einer Stadt, die ich bis dahin nur aus Büchern gekannt hatte. Ich konnte so schnell oder so langsam gehen, wie ich wollte. Es gibt nur zwei Dinge, die ich gern allein mache: Lesen und Reisen. Wenn man reist und wenn man liest, ist man nicht wirklich allein, sondern vollkommen von einer anderen Welt umgeben, den Schritten und Worten völlig fremder Menschen, die einem unterwegs begegnen.

Es ist nicht schwer, sich in Paris zu verlieben, aber Paris war für mich nur der Anfang. Seit jener Reise nutze ich jede Gelegenheit, allein zu verreisen. Ich liebe Pittsburgh, Hamburg und Pismo Beach. Ich liebe Ann Arbor, Austin und Evanston. Ich liebe die Tacos im La Superica in Santa Barbara und den Waffelgeruch in der Water Street in Saugatuck. Und ich liebe das alles am meisten, wenn ich ganz allein bin.

Ich war danach noch mehrere Male in Paris. Jedes Mal, wenn ich dort bin, denke ich an jenes erste Mal, als ich noch sehr jung war, an das erste Mal, als ich mich so vollkommen glücklich gefühlt habe, an einem wunderbaren Ort allein zu sein.

Es war ein Gefühl, wie wenn man vor dem Frühstücksbüffet eines vornehmen Hotels steht und von den unzähligen Möglichkeiten so überwältigt ist, dass man fast aufgeben möchte, aber vor allem ist man entzückt und will jedes einzelne Gericht probieren. Schon auf dem

Weg zum Tellerstapel hat man das Gefühl, etwas Wunderbares zu erleben. Ein solches Gefühl ist es für mich, allein in einer Stadt zu sein. Es ist, als würde mir ständig etwas Wunderbares passieren. Und es passiert wirklich immer etwas Wunderbares. Es gibt immer irgendeine Seitenstraße, ein Café, ein Gemälde in einer Galerie, einen Park, eine Person oder etwas, das mir den Atem verschlägt. Es ist anders, wenn man allein ist. Wenn man mit jemand anderem zusammen ist, teilt man jede Entdeckung, aber wenn man allein ist, muss man jede Erfahrung wie ein Geheimnis mit sich tragen, man muss sie sich ins Herz schreiben, weil es keine andere Möglichkeit gibt, sie zu bewahren.

Mein Gewicht und ich

Als ich klein war, habe ich gern getanzt, aber irgendwann hörte ich auf, Tanzunterricht zu nehmen, weil ich es so müde war, immer die Dickste zu sein, immer das größte Kostüm zu brauchen, die Luft anzuhalten, meinen Bauch einzuziehen und zu hoffen, dass mir irgendetwas passen würde.

Ich wollte aussehen wie meine Mutter und ihre Mutter – klein, dunkelhaarig, zierlich, wie eine russische Prinzessin. Stattdessen sah ich aus wie eine holländische Bäuerin aus einem Breughel-Bild. Ich sah aus, als könnte ich in einem Werbespot für Rindergulasch auftreten. Dabei wünschte ich mir nichts mehr, als ein zierlicher Vogel mit schwarzen Flügeln zu sein.

Zu meinen schrecklichsten Erinnerungen gehört die Suche nach passender Kleidung, wenn meine Eltern mich zu irgendeinem festlichen Anlass mitnahmen, denn ich war ein pummeliger Teenager und mir passte nie eine Konfektionsgröße; alles war entweder zu groß oder zu klein. Am Ende steckte ich immer in irgendeinem mit Sicherheitsnadeln zusammengehaltenen Ding und kam mir vor wie eine Hochstaplerin. Mich anzuziehen war immer eine schmerzhafte, unangenehme Angelegenheit, die noch dadurch verstärkt wurde, dass die Person, die mir bei dieser Folter half, meine Mutter war, die selbst Größe 36 trägt und meistens so etwas sagte wie: »Hmmm … ist das ein bisschen eng?« *Ist es ein bisschen eng, Mama? Ja. Ja, es ist ein bisschen eng. Alles, was ich je anprobiert habe, war ein bisschen eng. Mein ganzes Leben fühlt sich ein bisschen eng an.*

Meine Figur war für mich ein wunder Punkt, eine schwere Bürde, etwas, das mich zur Außenseiterin machte. Meine Figur war gewiss nicht hilfreich, um einen Freund zu finden. Ein Spruch, den ich mindestens tausend Mal gehört habe, war: *Du bist wie eine Schwester für mich.* Nicht viel besser war der Satz: *Du gehörst nicht zu den Mädchen, mit denen man ausgeht, sondern zu den Mädchen, die man hei-*

ratet. Jetzt, da ich verheiratet bin, verstehe ich das als Kompliment, aber wenn man fünfzehn ist und sich nichts mehr wünscht als zum Abschlussball eingeladen zu werden, findet man es genauso cool, ein Mädchen zu sein, das man heiratet, wie ein Mädchen zu sein, das einen guten Charakter hat. Wer will schon einen guten Charakter haben, wenn er einen knackigen Po haben könnte?

Meine Geburtstage waren für mich immer besonders schlimm, denn ich habe immer geglaubt, bis zu diesem Geburtstag, okay, bis zum nächsten Geburtstag werde ich mein neues Ich sein, aber ich war es nie, und irgendwann kam immer der Moment, in dem ich auf meiner eigenen Geburtstagsfeier allein war, auf der Toilette oder in der Küche, und mich eine schwere Traurigkeit befiel, weil ich daran dachte, welches Gewicht ich ins neue Jahr schleppte, das dieses Lebensjahr ab dem ersten Tag schwer belastete. Doch dann fasste ich wieder neue Hoffnung und sagte mir, dass es mir dieses Jahr gelingen würde. »Bis zu meinem nächsten Geburtstag ist es anders.« Das sagte ich jedes Jahr. Jedes Jahr glaubte ich es, und jedes Jahr war es eine Lüge.

Ich habe viel Zeit mit Einkaufen und Planen verbracht, um immer die richtigen Sachen zu haben, hinter denen ich mich verstecken konnte. Ich sah, wie meine Freundinnen Kleider kaufen gingen, einfach, weil das Spaß machte. Für mich war das so fremd, wie unter Wasser zu atmen. Ich kaufte mir Klamotten, um mich dahinter zu verbarrikadieren. Ich hatte vorher viele Seiten mit den Sachen aus Katalogen herausgerissen, die ich kaufen würde, wenn ich einmal dünn wäre. Während ich einkaufen ging, träumte ich davon, wie mein Leben aussähe, wenn ich erst einmal dünn wäre. Ich wusste, dass es dann besser und leichter wäre. Aber dieses Leben kam nie.

In meinen letzten Schuljahren versuchte ich, mich so zu beherrschen wie die Magersüchtigen, die ich kannte, aber ich hielt es nie lange durch. Nach einem oder zwei Tagen oder spätestens einer Woche, in der ich mich gut ernährte, in der ich korrekt, maßvoll und stark war, verlor ich immer die Beherrschung und aß den ganzen Kuchen, den ich in die Gefriertruhe gesteckt hatte, damit ich ihn nicht essen würde, oder kiloweise Erdnussbutterkekse, bis ich vollkommen benommen, hysterisch und wütend auf meinen Körper war.

Ich wusste, dass der Reiz der Bulimie darin besteht, dass man essen kann und sich dann einfach übergibt, um alles wieder loszuwerden, statt um fünf Uhr morgens aufzustehen, um eine Stunde auf einem Laufband zu schwitzen, was mir von Mal zu Mal schwerer fiel. Eine Weile meldete sich eine leise Stimme in mir, die mir sagte, dass es eindeutig zu weit ginge, mich absichtlich zu übergeben, und dass eine kleine Diät okay sei, aber Bulimie sei etwas ganz anderes. Damals hatte ich mich selbst bereits auf eine reine Flüssigkeitsdiät gesetzt und lebte nur von Brühe, schwarzem Kaffee und zuckerfreiem Wackelpudding. Ich weiß nicht recht, warum es mir dabei noch so extrem erschien, sich absichtlich zu übergeben.

In dem Sommer, in dem ich fünfzehn war, war ich eines Tages allein in unserem Ferienhaus und hatte eine Idee. Der Sommer war für mich immer besonders hart wegen der ganzen Zeit am Strand und im Ferienlager und weil ich immer den Erwartungsdruck spürte, die tickende Uhr, dass ich bald wieder zur Schule musste und dass jetzt das Jahr käme, in dem ich endlich dünn würde, und dass ich dann endlich glücklich wäre.

Ich hatte im Biologieunterricht gelernt, wenn jemand Gift getrunken habe, solle er Brechwurzelsaft trinken, um das Gift aus dem Magen zu bekommen. Also fuhr ich mit dem Fahrrad zur Apotheke und kaufte eine kleine Flasche Brechwurzelsaft und einen großen Becher Eis. Ich beschloss, dass ich beim ersten Mal etwas Weiches und Geschmolzenes erbrechen wollte und nicht etwa ein Steak. Ich aß eine Riesenportion Eis, dann nahm ich von dem Saft die empfohlene Dosis. Ich wartete ungefähr zehn Minuten und befürchtete, ich hätte vielleicht die Menge für einen Säugling genommen, also schluckte ich noch ein bisschen mehr. Keine zehn Minuten später passierte etwas völlig Unbeschreibliches in diesem Haus und in meinem Körper. Sich übergeben ist schrecklich, aber wenn ein normales Erbrechen so ist, als lege man in einem Auto den Rückwärtsgang ein, dann war es an diesem Tag bei mir, als lege man in einem Auto den Rückwärtsgang ein und rase mit hundertfünfzig Stundenkilometern rückwärts. Es war jenseitig und beängstigend.

Ich übergab mich stundenlang und fühlte mich, als wäre mein Körper ein Feuerwehrschlauch. Die Wucht dessen, was herauskam, warf mich wie eine Puppe herum. Es war viel und schmerzhaft. Ich musste stundenlang putzen, denn ich dachte immer, ich sei endlich fertig, und dann ging alles wieder von vorne los und ich musste mich ohne Vorwarnung noch einmal übergeben. Als es endlich vorbei war, legte ich mich auf den Boden, hatte Halsschmerzen und war völlig erschöpft. Aber ich machte es wieder. Man sollte meinen, ich hätte meine Lektion gelernt, diese schreckliche Erfahrung würde mich von weiteren Versuchen abhalten, und ich hätte eingesehen, wie falsch und krank diese Lebensweise war. Nein. Ich machte es noch ein paar Mal, mit ähnlich unmenschlichen Folgen, und jedes Mal, wenn ich es tat, fühlte es sich wie eine Art kosmischer Kampf an, als würde ich meine Seele aus mir herausspucken, aber ich hatte auch das Gefühl, Macht und Kontrolle zu haben, etwas, das ich in Bezug auf meinen Körper vorher noch nie erlebt hatte. Aber nach einigen Malen bekam ich allmählich Angst und begnügte mich mit zahmeren Methoden, meinen Körper zu missbrauchen, wie nur abends zu essen oder nur fettfreie Mayonnaise und kalorienfreie Mandarinenlimonade zu mir zu nehmen.

Mir kam damals nicht in den Sinn, dass es eine Möglichkeit geben könnte, ohne Schamgefühle und Missbrauch in meinem Körper zu leben, in meinem zu dicken Körper. Es war, als wäre es meine Aufgabe, ihn zu bestrafen. Wenn ich nett zu ihm wäre, dann würde ich damit seinen Ungehorsam erlauben oder sanktionieren. Ich glaubte damals im wörtlichen und im übertragenen Sinn, wenn ich meinen Griff auf ihn lockerte, wenn ich den Hass und den Druck auch nur um einen Millimeter lockerte, würde ich in die Breite gehen wie ein Hefeteig, der immer höher steigt und schließlich über den Schüsselrand läuft.

Mein größter Wunsch war es, überhaupt keinen Körper zu haben. Dieser Körper, den ich mit mir herumschleppte, war schon so lange mein Feind und hatte mich immer wieder so sehr betrogen, indem er die Kühnheit besaß, fett zu sein. Ich hasste ihn, ich hasste ihn auf die besondere und giftige Weise, mit der man jemanden hasst, den man früher einmal geliebt hat, jemanden, der eigentlich auf unserer Seite stehen sollte, das aber nicht tut, sondern gegen uns kämpft.

Ich sah mich als Geist und Verstand, die leider in einer schlechten

Verpackung gefangen waren, ähnlich wie ein wirklich gutes Produkt, das in einer schlechten Werbeannonce angepriesen wird. Ich fühlte mich von meinem Körper völlig falsch repräsentiert, wie wenn man einen Silberring in eine Toasterschachtel steckt und diese dann in Geschenkpapier wickelt, sodass der andere denkt, er bekäme ein Küchengerät, wenn er in Wirklichkeit einen Ring bekommt. Ich hatte das Gefühl, mein Körper repräsentiere mich nicht richtig, und das machte mich wütend auf ihn.

Nach zwei Jahrzehnten voll Frustration und Beschämung empfinde ich heute dank mehrerer kleiner und großer Wunder zum ersten Mal in meinem Leben weniger Hass auf meinen Körper. In strahlenden Momenten bin ich sogar richtig nett zu ihm. Monat für Monat arbeite ich schwer daran, ihn immer weniger als diese andere Sache, diese ferne Hülle zu sehen und ihn immer mehr als einen netten Menschen zu betrachten, den ich gern als Freund hätte. In den letzten Jahren hatte ich das Gefühl, als lege ich eine kosmische Entfernung zurück, um diese zwei völlig voneinander losgelösten Einheiten wieder miteinander zu verbinden, meinen Geist und meinen Körper.

Ich weiß nicht, ob es die Summe mehrerer Dinge war, die zusammenkamen, ob es mein Alter war oder Gottes Barmherzigkeit, ob alle meine Gebete aus zwei Jahrzehnten endlich an der richtigen Stelle ankamen oder ob ich meinen Babyspeck nur später verlor als alle anderen Babys, aber zu einem bestimmten Zeitpunkt nahm ich ab. Nach einem Jahr schwerer Arbeit und langsamer, wachsender Veränderungen war ich plötzlich an dem Ort, den ich mir mein ganzes Leben lang ausgemalt hatte. Es machte auf einmal Spaß, Kleider zu kaufen, und ich ging sogar davon aus, dass mir die Sachen passten. Ich tauschte mit meinen Freundinnen und meiner Mutter die Kleider, ich hatte das Gefühl, endlich einer Schwesternschaft anzugehören, die mir bis dahin verwehrt gewesen war. Ich hatte in Umkleidekabinen keine Panikattacken mehr. Ich bestellte Sachen im Internet, und sie passten, ohne geändert werden zu müssen. Im Laufe eines Jahres wurde ich ein Mensch, der sich ohne zu weinen anziehen kann, ein Mensch, der schwimmen gehen kann, ohne sich ständig selbst aufmunternde Reden halten zu müssen.

Ich dachte, viele Dinge würden schlagartig leichter werden. Einiges wurde auch leichter. Aber vieles nicht. Ich dachte natürlich, dies wäre der Schlüssel, der alle Schlösser in mir aufsperren würde, der alle Teile meines Lebens, die klemmten und verschlossen waren, in Bewegung setzen würde. Ich dachte, wenn ich diese wunderbare, fabelhafte Traumzahl auf der Waage sähe, würde ich automatisch ein Mensch werden, der sich wohl in seiner Haut fühlt, der in Unterwäsche durchs Zimmer tanzt, der ohne Angst und Verlegenheit jeden Raum betritt. Ich dachte, diese Zahl auf der Waage würde mich vor der Verwundbarkeit schützen, die ich immer gespürt habe, sie würde mir ein für alle Mal einen Platz am Tisch der coolen Leute sichern, meinen Platz in der Welt der erfolgreichen, glücklichen, selbstsicheren Menschen.

Aber ich musste feststellen: Wenn man der einen Fantasievorstellung nicht mehr nachjagt, dann jagt man einer anderen hinterher. Wenn es nicht der Körper ist, dann ist es das Bankkonto, und wenn es nicht das Bankkonto ist, ist es der Lebenslauf, die Nase, die Brüste, das Auto, die perfekte Ehe, der perfekte Urlaub oder das perfekte Kind. Zwei Jahrzehnte lang glaubte ich, wenn ich nur diese eine Sache in den Griff bekäme, würde mein ganzes Leben auf wundersame Weise wie eine perfekte, üppige Blume aufblühen. Aber zu meinem großen Kummer wurde mir bewusst, dass mein Leben immer noch mein Leben ist und dass ich immer noch ich selbst bin, nur in einer kleineren Hosengröße.

Natürlich vermittelte mir diese kleinere Hosengröße eine gewisse Freude. Als jemand, der in Umkleideräumen grundsätzlich geweint hatte, machte mich diese neue Konfektionsgröße auf kindische, unerklärliche Weise glücklich. Aber ich habe auch herausgefunden, dass es so etwas wie dünn genug nicht gibt. Es gibt keine magische Zahl, die einem das Gefühl gibt, sicher oder beschützt zu sein oder Selbstvertrauen zu haben. Das, stellte ich fest, bekommt man durch etwas völlig anderes – einen Glauben, eine Entscheidung, irgendetwas –, aber nicht durch eine Zahl auf der Waage.

Ich wurde anfangs auf die billige Weise selbstsicherer, indem ich auf einen knackigeren Po und kleinere Hosengrößen hinarbeitete.

Aber nach einer Weile stellte ich fest, dass mir das nicht mehr genügte. Ich brauchte das Wahre; das, was man nur schwer findet: Frieden. Frieden damit, wie ich geschaffen bin, mit dem Körper, den ich bekommen habe, damit, wie sich mein Leben um mich herum entwickelt, aber noch konkreter damit, wie es sich in meinen Armen und meinen Beinen und meinem Mund und meinen Augen entfaltet.

Dazu waren eine völlig andere Sprache und völlig andere Übungen nötig. Yoga war für mich eine solche Übung. Es half mir, mein Inneres und mein Äußeres einander näherzubringen, meinen Atem, meine Gedanken, meine Arme und Beine als Ganzes zu sehen, im Gegensatz zu dem strahlenden Geist und der fehlerhaften Schale, als die ich mich vorher immer gesehen hatte. Ich habe vor ungefähr fünf Jahren Yoga entdeckt. Als ich damit anfing, hasste ich meinen Körper immer noch so sehr, dass jede Freundlichkeit, jedes Mitgefühl mit meinem Körper, jede Dankbarkeit für meinen Körper mir schlichtweg wie eine Beleidigung erschien.

Ich musste in Bezug auf Essen, Gelassenheit und Selbstkritik umdenken und tausend Dinge neu lernen. Um es mit den Worten der Indigo Girls auszudrücken, denen ich mich sehr verbunden fühle, geht es darum zu lernen, »die Leere auszuhungern und den Hunger zu stillen«.

Die größte Veränderung findet jedoch zu meiner Überraschung nicht in meinem Körper statt, sondern in meinem Blick – dem grausamen, verurteilenden, kritischen Blick, der meinen Körper jahrzehntelang vernichtend abgeschätzt und angeklagt hatte. Und in meinem Denken. Selbst wenn ich wollte, könnte ich nicht vergessen, wie mein Leben vorher war, als ich mir wie ein Schwergewichtsboxer in einer Ballettgruppe vorkam. Dieses Eingeengtsein durch einen zu engen Hosenbund, der einem das Gefühl gibt, der Bauch sei weich und schwabbelig und ergieße sich wie ein Rührei über den oberen Teil der Hose.

Ich trage die heftige Scham mit mir herum, zehn Jahre alt und zu dick zu sein, fünfzehn und zu dick, zwanzig und zu dick, fünfundzwanzig und zu dick. Das ist sehr viel Gewicht, das ich mit mir herumschleppe, aber ich kann es nicht ablegen. Ich will es nicht ablegen.

In manchen Bereichen hat sich alles verändert, aber wenn ich mich im Spiegel anschaue, weiß ich genau, dass sich nicht alles verändert hat und dass jeder von uns auf ganz unterschiedliche Art sein Gewicht und seine Last mit sich herumschleppt.

Ganz besondere Tage

Als ich zwanzig war, verbrachte ich mit ungefähr zwanzig skurrilen Typen, die alle Englisch und Literatur studierten, ein Semester in England, Irland und Schottland. Bei dieser Studienreise schauten wir uns viele Theateraufführungen an, lasen Hardy in »Hardy-Country« und Austen in ihrer Heimatstadt und so weiter. Es war so unglaublich und weltfremd, wie es klingt, mit höchst skurrilen Theatermimen, Literaten, die obskure Gedichte zitierten, und unzähligen Stunden im Bus.

Bevor wir zu diesem Auslandssemester aufbrachen, kannte ich ein paar der anderen Studenten aus den Vorlesungen, als Freunde von Freunden, als Bekannte, aber im Laufe dieser Auslandsreise wuchsen sechs von uns zu einer Art Familie zusammen. Wir wurden eine enge kleine Gruppe von Rebellen und Geschwistern, die in diesen Monaten Geschichten erlebten, die unsere Freunde zu Hause nie glauben würden. Jetzt sind wir angeblich erwachsen, einige von uns sind Mütter oder Väter, einer ist Doktor der Philosophie, einer ist Immobilienmakler, einer arbeitet in der Werbung. Wir besuchen uns gegenseitig in Seattle, Boston und San Francisco, wenn wir beruflich in eine Stadt kommen, in der einer der anderen wohnt, oder wenn wir uns treffen, weil jemand heiratet oder ein Kind bekommen hat. Aber damals, vor tausend Jahren, in einem anderen Leben, waren wir sechs junge Amerikaner, die Europa unsicher machten, die sich für eine Weile in diesen Kontinent, ineinander und in sich selbst verliebten.

Kirsten war die Älteste in unserer kleinen Familie, blond, beeindruckend und ausdrucksstark. Sie spielte Gitarre, und ihr Lachen klang, wie wenn dünnes Glas bricht. Ich wollte auf jede nur denkbare Art so sein wie sie. Mark war für die Nonnen in dem Haus, in dem wir wohnten, der »übliche Verdächtige«. Er war groß und einfach nicht zu übersehen. Er war klug und lustig und hatte lange, dunkle Haare. Er wurde mein bester Freund, mein Verbündeter. In fast allen meinen Er-

innerungen aus jenen Monaten taucht er auf. Monica war die Strebe-
rin in der Gruppe. Sie erstellte für jede Stadt Listen mit allem, was wir
unbedingt sehen und tun mussten, hatte alles fein säuberlich geordnet
und mit Nummern versehen. Wenn sie nicht gewesen wäre, hätten wir
mehrere Weltwunder nicht gesehen und wären stattdessen lieber in
eine Kneipe gegangen. Sie war die fröhlichste und lockerste von uns
allen. Sara war die Geheimnisvolle, dunkelhaarig und so klug, dass
sie uns fast Angst machte. Sie schlief wie eine Katze, tief und oft, und
wenn es sein musste, den ganzen Tag. Ryan, ihr Komplize, war blond,
prägnant, ehrlich und wundersam sonderbar.

Wir begannen in Edinburgh, das immer noch eine meiner Lieb-
lingsstädte ist. Wir gingen zu jeder Tages- und Nachtzeit zu Theateraufführungen, und da wir zur richtigen Zeit am richtigen Ort waren
und amerikanisch genug aussahen, wurden wir zu einer Party im
Schloss eingeladen. Das klang sehr glanzvoll, aber leider war es nur
ein dunkles Pub in den Eingeweiden des Schlosses, das von einem he-
runtergekommenen Regiment des Königlichen Schottischen Militärs
bevölkert wurde, das wollte, dass wir uns auf ihren Schoß setzten.
Leider mussten wir die Männer enttäuschen.

Unser Stützpunkt war Hengrave Hall, ein weitläufiges Herrenhaus
aus dem fünfzehnten Jahrhundert irgendwo im absoluten Nirgendwo.
Es war aufregend und feucht und sah aus wie ein Ort, an dem es spukt.
Ich wohnte mit Kirsten, Sara und Monica im Ostzimmer. Das Besondere an diesem Zimmer war, dass es direkt über der Küche lag, was
bedeutete, dass wir zum Beispiel den Geruch von gekochtem Fisch
schon viele Stunden vor und auch noch viele Stunden nach dem Essen
genießen konnten. Zum Frühstück gab es literweise Tee mit viel Zu-
cker, stapelweise Toast und zum Mittagessen irgendetwas Britisches –
damit meine ich etwas Warmes, Matschiges und Salziges – mit einer
Nachspeise, einem Kuchen oder etwas mit Streuseln, über das wir
warme Vanillesoße gossen. Sehr, sehr viel warme Vanillesoße. Ich bin
sicher, dass diese warme Vanillesoße allein für die sechs zusätzlichen
Kilo verantwortlich war, die ich als Erinnerung an diese Zeit mit nach
Hause brachte.

In Hengrave zu wohnen war ein wenig so, als lebte man in einem britischen Roman, und ein wenig so, als wäre man krank. Da wir immer mehrere Tage am Stück dort waren und die nächste Stadt einige Kilometer entfernt war, tappten wir in Pantoffeln und Sweatshirts herum, mit Romanen unter dem Arm und Teetassen in der Hand, wie belesene Invalide.

An wärmeren Tagen erkundeten wir die Gegend, die Obst- und Blumengärten und die winzige Steinkapelle. Wenn wir abends so lange fortblieben, dass die Türen schon zugesperrt waren und unsere Zimmergefährten nicht auf die Steinchen reagierten, die wir an ihre Fenster warfen, schliefen wir im unbeheizten Sommerhaus und schlichen uns am Morgen ins Haupthaus zurück. Wir lernten lange Passagen aus Shakespearestücken auswendig und saßen dabei wegen der empfindlichen Kälte auf den Heizkörpern. Viele von uns Mädchen lernten stricken und zogen Wollknäuel wie leblose Katzen hinter sich her. Aus diesen und aus vielen anderen Gründen hätte man meinen können, wir wären langsam verrückt geworden.

Aber hin und wieder fuhren wir, um uns gegen dieses Verrücktwerden zu wehren und um irgendwelche großen und weniger großen Theateraufführungen zu sehen, nach London oder Dublin oder Bath und schlugen unser Lager in einem Bed & Breakfast auf. In Oxford wohnten wir in einer Pension, die eine Glasdusche direkt im Zimmer hatte. Wir fühlten uns ein wenig besser, als wir feststellten, dass das Glas in der Mitte mattiert war und wenigstens einen Hauch der dringend benötigten Privatsphäre bot, aber unsere Hoffnungen zerschellten, als wir erkannten, dass der mattierte Teil nur den Bereich zwischen den Rippen und der Hüfte verbarg und folglich alle wichtigen Körperteile unbedeckt ließ.

Einer der Gründe, warum ich an dieser Reise teilnahm, war, dass meine Lieblingsprofessorin Heather diesen Kurs leitete. Als wir zu diesem Auslandssemester aufbrachen, wäre mir natürlich niemals in den Sinn gekommen, sie Heather zu nennen, und auch jetzt kommt es mir immer noch ein wenig komisch vor, so als würde ich meine Mutter bei ihrem Vornamen ansprechen. Meine Professorin Heather war und ist für mich eines der besten lebenden Vorbilder, wie man als Frau leben kann.

Als ich achtzehn war, besuchte ich in meinem ersten Semester am College in Westmont ihren Kurs. Sie war unglaublich wortgewandt und intelligent. Sie förderte und forderte uns und weckte in uns den Wunsch, sie zu beeindrucken und ihr zu gefallen. Wir lernten viel, schrieben umfangreiche Referate, lasen unsere Texte sorgfältig und wollten ihr zu jeder Übung etwas Wertvolles mitbringen, wie kleine Kinder, die Glühwürmchen und Maikäfer in den Händen halten. Sie wurde meine Ratgeberin und meine Freundin. Ich war eine Tochter, die weit weg war von ihrer Mutter in Chicago; Heathers Tochter war im selben Jahr von zu Hause ausgezogen, um ans College zu gehen. Wir unterhielten uns über Bücher und darüber, dass man bei dem, was man schreibt, die Wahrheit sagen muss. Sie erzählte mir, wie sie ihren Mann kennengelernt hatte, dass er Professor war, als sie Studentin war. Das klang ein wenig skandalös und machte sie in meinen Augen noch interessanter. Sie war schön, stark, groß, hatte blonde Haare und sie trug an einem Finger mehrere dünne Goldringe.

Als ich nach Santa Barbara zog, war Heather für mich ein neues Bild von einer Frau, die ich gern sein wollte. Ich brauchte das Bild meiner Mutter, aber ich brauchte noch andere Bilder, die mir halfen, ein Bild von mir selbst zu entwickeln. Heather gehört zu den eindrücklichsten Bildern in dieser Reihe. Sie förderte mich als Schriftstellerin, als Christin und als Frau. Es gab Situationen, in denen ich sie enttäuschte. Wenn das passierte, traf mich ihre Enttäuschung zutiefst, doch dann half mir ihre Barmherzigkeit, wieder auf die Beine zu kommen. Ich glaube, sie hielt mich für klug und möglicherweise auch für etwas Besonderes, und ich denke, sie sah etwas von sich selbst oder vielleicht von ihrer Tochter in mir. Vielleicht auch nicht. Vielleicht war sie auch einfach nur eine wirklich gute Lehrerin, die mich auf der Suche nach mir selbst unterstützte.

Bei einem unserer längeren Aufenthalte in Hengrave unternahmen Mark und ich eines Nachmittags einen Spaziergang in die Stadt, um einen idyllischen Platz zu finden, wo wir unsere Gedichte auswendig lernen wollten. Wir setzten uns auf den malerischen Bahnsteig. Nachdem wir einige Züge einlaufen und abfahren gesehen hatten und unsere Gedichte allmählich langweilig fanden, beschlossen wir, dass wir in einen Zug steigen sollten. Wir fragten den Mann hinter dem Schalterfenster, wohin er fahren würde, wenn er an unserer Stelle wäre, befolgten seinen Rat und kauften uns Fahrkarten nach Great Yarmouth, einem witzigen, altmodischen Ferienort an der Küste. Wir versuchten, zu Hause anzurufen, um den anderen zu sagen, dass wir über Nacht fortbleiben würden, aber die Leitung war mehrere Male besetzt, und dann fanden wir, dass es eigentlich keine so große Sache sei. Wir aßen in einem italienischen Restaurant im Souterrain mit karierten Tischdecken Pizza und tranken Rotwein und fanden Zimmer in der Größe von Kleiderschränken im obersten Stockwerk einer Frühstückspension. Am nächsten Morgen tranken wir Espresso und schlenderten über einen Straßenmarkt, bevor wir mit dem Zug wieder zurückfuhren.

Es stellte sich heraus, dass unser spontaner Ausflug in Wirklichkeit doch eine sehr große Sache war. Als wir ins Haus marschierten, sahen wir daran, wie uns alle anschauten und dann zu Heather hinüberschauten, die nicht lächelte, dass es eine sehr große Sache war. Wir versuchten, eine lustige Geschichte à la Vaudeville daraus zu machen, und setzten große Gesten und eine gehörige Portion Slapstick ein, um den anderen zu erzählen, dass wir ganz zufällig auf dem Bahnhof gelandet und dann genauso zufällig nach Great Yarmouth gefahren seien. Wir erzählten ihnen, dass wir in einem kleinen Laden Notizbücher, Stifte und Eis für den Zug gekauft hätten und dass es auf dem Straßenmarkt einen großen Bereich mit geschlachteten Tieren gebe, auf dem gehäutete Tiere in einer Reihe hingen, als wäre bei Noahs Arche etwas schiefgelaufen. Unsere Freunde fanden das amüsant, aber Heather verzog keine Miene.

Sie bat mich, mit ihr spazieren zu gehen. Nachdem wir ein Stück gegangen waren, setzten wir uns auf eine Bank mit dem Rücken zum Haus und schauten über die schwarzen Zweige im schwächer werdenden Abendlicht. Sie mache sich Sorgen um mich, sagte sie. Sie mache sich Sorgen, dass ich, obwohl ich von mir selbst dachte, ich tränke das Leben bis zum letzten Tropfen, um es mit Tennysons Worten auszudrücken, einige sehr wichtige Teile verpasste. Sie sagte, dass es ihr gefalle, meine Geschichten zu hören, wenn ich erzählte, wie ich mit dem Zug fuhr und die ganze Nacht wegblieb und mit Fremden trank und wie ich in Springbrunnen schwamm, aber sie fürchte, ich könne meine Fähigkeit verlieren, tiefsinnig zu sein. Sie sagte, ich sei eine Anführerin, die anderen Studenten würden mir folgen, und sie glaube nicht, dass ich die anderen irgendwohin führe, wohin es sich zu gehen lohne.

Ihre Worte bedeuteten mir sehr viel. Ihre Meinung war mir sehr wichtig. Ich schrieb an jenem Tag ihre Worte in mein Tagebuch. Sie trafen nicht nur damals genau ins Schwarze, sondern sie waren auch prophetisch: Je älter ich werde, umso besser kann ich genau dieses Muster in meinem Leben immer wieder erkennen. An meinen besten Tagen bin ich zu tief greifenden Gedanken, Gefühlen und Erkenntnissen fähig, und an meinen schlimmsten Tagen bin ich eine tänzelnde, angesäuselte Angeberin mit lustigen Geschichten, vielen Gesten und schmerzlich wenig anderem.

Am ersten Tag unseres Auslandssemesters betete Heather in Edinburgh: »Hilf uns, mutig im Umgang miteinander zu sein, denn jetzt ist die Zeit dafür gekommen.« Sie hatte recht. Es waren unvergleichlich schöne, aber auch unvergleichlich schreckliche Tage. Einerseits war ich nie wieder so sehr ich selbst wie damals, andererseits war ich nie wieder so wenig als ich zu erkennen wie in jenen Monaten. Aber wir gingen mutig miteinander um. Das war mehr, als man erwarten konnte. Heather war mutig mir gegenüber, als sie mir die Wahrheit über mich sagte; und ich denke, ich war ein bisschen mutig ihr gegenüber, als ich ihrer Enttäuschung standhielt, sie in mein tiefstes Inneres vordringen ließ und mich dadurch schließlich besserte.

Visionen und Geheimnisse

Ich erinnere mich, dass mir meine Mutter vor vielen Jahren sagte, ich solle versuchen, Geschichten zu schreiben, weil das vielleicht ein Ventil für die vielen Dinge sein könnte, die mir ständig durch den Kopf schwirren. Ich war nicht sicher, ob sie damit recht hatte, hoffte es aber irgendwie. Doch an einem gewissen Punkt in meinem Leben hatte ich diese Hoffnung fast aufgegeben, weil ich meinen Platz gefunden hatte, wie ich dachte. Ich hatte in einer anderen Welt eine Aufgabe und Stabilität gefunden, in einer Welt mit Menschen, Ideen, Teams und Besprechungen. Aber irgendwo in einem kleinen Kämmerchen meines Herzens träumte ich immer noch davon, Bücher zu schreiben.

Wenn ich an meine Kindheit zurückdenke, an meine Erinnerungen an die Zeit, als ich ein kleines Mädchen war, wollte dieses kleine Mädchen nichts anderes tun als Geschichten erzählen, Wörter zusammenstellen und arrangieren, wie andere Menschen Blumen zusammenstellen und arrangieren. Worte sind das Fenster, durch das ich das Leben sehe, nicht nur Moleküle, Noten, Akkorde oder Farben. Wörter in geraden, schwarzen und weißen Reihen, die sich vor und zurück über die Seite schlängeln, sind wie Portale, durch die ein kleines Mädchen eine große Welt entdeckte und in der sich jetzt ein erwachsenes Mädchen zurechtzufinden versucht.

Wenn ich schreibe, kann ich Dinge sehen, die ich sonst nicht sehen könnte, und ich kann Dinge fühlen, die ich sonst nicht fühlen würde. Dinge ergeben einen Sinn, ermöglichen Rückblicke und Einblicke, in mir und um mich herum. Sie entwirren und reihen sich in schwarze Linien auf, und diese Reihen geben mir Nahrung.

Wenn ich schreibe, verstreicht normalerweise eine halbe Stunde wie ein sanfter Windhauch, doch dann kommt alles laut quietschend zum Stehen, als würden zwei Autos zusammenprallen. Ich bleibe hängen, bin überzeugt, dass es eine schlechte Idee war, überhaupt anzufangen. *Fang dort an, wo du hängen geblieben bist.* Das hat mir mein (genialer) Therapeut, der ebenfalls Bücher schreibt, geraten. Am liebsten hätte ich ihn angeschrien, dass ich ihm nicht sieben Dollar in der Minute dafür zahle, dass er mir genau den gleichen Rat gibt, den ich in sämtlichen Büchern über das Schreiben finden könnte, aber bei genauerem Nachdenken musste ich zugeben, dass er recht hatte. Ich hing fest, und ich weinte fast eine ganze Stunde lang. Ich bleibe hängen, weil ich versuche, jede Nuance und jede Wendung zu überlegen, und weil ich sowohl im wörtlichen als auch im übertragenen Sinn ein Ende schreiben will, bevor es überhaupt einen Anfang gibt. Also schreibe ich nicht. Die Energie, die ich auf das Schreiben verwenden könnte, nutze ich stattdessen, um mir Sorgen zu machen. Über allem liegt eine Decke aus Depressionen, Angst und Frustration, und ich gebe die Schuld dafür allem, was in meine Nähe kommt. Die üblichen Opfer meiner Schuldzuweisungen sind mein Mann, unser Haus, Grand Rapids, seine Bewohner und die städtischen Angebote gleichermaßen.

Wenn ich damit fertig bin, vor meinem armen Mann zu toben und ihm wieder einmal alle Gründe aufzuzählen, aus denen wir umziehen müssen, wird mir tragisch bewusst, dass die Traurigkeit und die Angst immer noch da sind und dass ich mein Problem im Grunde nicht gelöst habe. Es ist also nicht Aaron, es ist nicht das Haus, es ist nicht die Stadt. Es ist die Angst, das Chaos und die fremde, wunderbare und völlig neue Sache, die sich in mir entwickelt.

Ich bin immer noch verblüfft und staune darüber. Vor einem halben Jahr war alles verworren, unklar und tränenreich. Ich wusste, dass sich in mir etwas veränderte, aber es war vage und weit entfernt, wie das leise Pfeifen eines Zuges oder ein Donnergrollen in der Ferne. Ich lag viele Nächte wach, versuchte Worte für das zu finden, was hier geschah, und hatte das Gefühl, etwas Fremdes und Neues werde geboren.

Ich erhaschte winzige Blicke auf das Schriftstellerleben, das ich mir immer gewünscht hatte, schillernd und strahlend. Aber ich führte dieses andere Leben, ein Leben, das ich lieben gelernt hatte; beziehungsweise ein Leben, bei dem ich wenigstens wusste, was ich zu erwarten hatte. Meine Arbeit aufzugeben, um zu schreiben, erschien mir genauso realistisch wie ein Umzug von Grand Rapids zum Mond. So hing ich in der Mitte, träumte von der einen Welt und lebte in der anderen. Ich versteckte mich hinter meiner Arbeitsstelle, weil das sicherer war und ich die Arbeit, die ich hatte, wirklich mit Leidenschaft und Begeisterung machte. Ich war keine Schauspielerin, die als Kellnerin mit der Kaffeekanne in der Hand auf ihren großen Durchbruch wartet. Ich liebte meine Gemeinde, und ich liebte meine Arbeit dort. Ich liebte die Menschen, mit denen ich zusammenarbeitete. Es ist die einzige Arbeit, die ich je gemacht habe, und die einzige, bei der ich das Gefühl hatte, mich auszukennen. Sie ist meine Muttersprache, das, was ich von Grund auf gelernt habe; Schreiben erscheint mir zwar schön und traumhaft, aber es macht mich auch unsicher und kommt mir ungewohnt vor wie eine Fremdsprache oder eine neue Yogastellung.

Ich war oft in Tränen aufgelöst und hoffte auf ein Leben, das ganz anders war als das Leben, das ich führte. Ich wusste nicht, ob ich nur müde war und Urlaub brauchte oder ob ich Angst hatte und kündigen musste. Jeder hat Träume, an die er an schlechten Tagen denkt. Aber das sind nur Träume. Man setzt sie nicht tatsächlich in die Tat um, oder? Man geht wieder zur Arbeit.

Aber manchmal saß ich an meinem Schreibtisch, beantwortete keine E-Mails und ging nicht ans Telefon; manchmal saß ich schweigend in meinem Auto und wartete auf etwas, hoffte darauf, dass etwas zum Durchbruch käme, dass etwas aufbräche und die Punkte, die zusammenhanglos über mein Leben verstreut sind, miteinander verbinden würde. Ich betete mitten in der Nacht. Es waren Gebete, die eher ein Schluchzen waren, und ich war nicht sicher, worum ich überhaupt betete.

Inzwischen merke ich, dass sich die Dinge langsam ändern. Ich fühle, wie diese winzige, zerbrechliche Schriftstellerin wächst, wie eine Kerzenflamme, die immer größer wird. Heute Abend schreibe ich, und ich fühle mich leichtfüßig, kribbelig, auf eine neue Art mutig. Ich habe das Gefühl, ein Geheimnis zu haben: Ich stehe im Begriff, etwas anderes zu werden. Äußerlich sehe ich aus wie ein Mensch, der einen Schreibtisch und Termine hat, aber unter dieser Schale bin ich eine Schriftstellerin. Ich bin Schriftstellerin. Ich höre nicht auf, mir das zu sagen, und es fühlt sich gewagt und geheimnisvoll an.

Für mich ist das Schreiben ein bisschen ein Akt der Rebellion, ein Aufstand gegen jenen Teil in mir, der verantwortungsbewusst, hilfsbereit, anpassungsfähig sein muss. Schreiben ist eines der ersten Dinge, vielleicht das Allererste überhaupt, das ich ganz für mich allein mache, das niemandem unmittelbar hilft, das keinem anderen das Leben erleichtert. Ich war immer in einem Team, immer ein Arbeitstier, immer darauf bedacht, andere zu unterstützen. Etwas zu tun, nur weil ich eine tiefe Liebe zu dieser Beschäftigung empfinde, kommt mir fremd und leicht skandalös vor. Es kommt mir selbstsüchtig vor.

Aber wenn ich dort anfange, wo ich hängen bleibe, wieder und immer wieder, und wieder hängen bleibe und wieder anfange, geschieht ein Durchbruch. Das Leben offenbart sich mir wie eine Schriftrolle, die geöffnet wird, und ich schreibe über dieses Leben. Ich trage innere Kämpfe aus, und ich schreibe über diese Kämpfe. Ich bekomme Angst und halte mich für verrückt, und ich schreibe über diese Angst. Ich finde keine saubere Lösung, und ich habe keine scharfsinnige und kluge Erkenntnis, aber nach und nach schlängelt sich das Schreiben in mein tägliches Leben und schafft sich dort ein Zuhause. Es wird immer weniger ein ferner Traum und immer mehr mein tatsächliches Leben.

In den besten Momenten fühle ich mich wie die Malerin Lily Briscoe in Virginia Woolfs bekanntem Roman *Zum Leuchtturm:* »Ja, dachte sie, als sie in äußerster Erschöpfung den Pinsel niederlegte, ich habe sie gehabt, meine Vision.« Diesen Satz hatte ich vor Jahren an meiner Wand stehen. In diesem Satz steckt für mich ein großer, unentdeckter Reichtum. Ich habe meine Vision. Ich dachte, diese Vision würde in einem großen Augenblick der Erkenntnis Wirklichkeit werden. Aber sie entstand, wie alles bei mir, im Laufe großer innerer Kämpfe. Auf die harte Tour, mit Tränen, Verwirrung, Angst und Chaos. Aber jetzt ist sie wie ein Glühwürmchen auf meiner offenen Hand gelandet. Ja, ich habe meine Vision.

II

Babyzeit

Aaron und ich beschlossen im Herbst, dass es nach unserem Urlaub im November Zeit wäre, an ein Baby zu denken. Wir waren seit vier Jahren verheiratet, steuerten auf die Dreißig zu und hatten all die Dinge gemacht, die wir hatten tun wollen, bevor wir Kinder bekämen. Wir trugen keine Verantwortung und genossen das. Wir gingen oft essen oder ließen uns etwas zu essen bringen. Wir verreisten spontan und beschlossen, länger fortzubleiben, ohne uns nach einem Babysitter oder einer Schule richten zu müssen. Wir machten Überstunden, arbeiteten an den Wochenenden oder bis spät in die Nacht, stürzten uns in Projekte und alle möglichen Pläne. Wir arbeiteten an den Feiertagen und hatten nie einen Christbaum. Wir kauften unsinnige Dinge wie TiVo und teure Jeans, und wir veranstalteten viele Partys. Aber plötzlich wurde uns bewusst, dass wir alles getan hatten, was wir tun wollten, bevor wir Kinder bekamen.

Als wir von dieser Reise zurückkehrten und der Augenblick kam, an dem ich diese kleine Pille tatsächlich nicht nehmen sollte, bekam ich kalte Füße und sagte: »Ooh, vielleicht noch einen Monat.« Aber Aaron, dem vor diesem Moment seit Jahren gegraut hatte, erwies sich plötzlich als Familienmensch, und er sagte: »Nein, es ist Zeit. Wir sind so weit.« Und los ging es, hinein ins Ungewisse und zu der Frage: »Bekommen wir ein Kind oder nicht?«

An einem Mittwoch im Januar stellte ich fest, dass ich all das war, worauf man angeblich achten soll – hungrig, müde, weinerlich, sonderbar –, aber ich zwang mich, nicht sofort einen Schwangerschaftstest zu machen. Genauer gesagt, sagte Aaron, dass ich noch keinen Test machen sollte. Er meinte, wir würden das ganze Studiengeld des Babys für Schwangerschaftstests ausgeben, wenn ich jedes Mal, wenn ich mich schwanger »fühlte«, einen neun Dollar teuren Test machte. Er kennt mich eben zu gut. Also wartete ich bis zum Donnerstagabend, was mir wie tausend Jahre vorkam. Als ich dann den Test machte, zeigte das Gerät ein winziges, ganz schwaches Pluszeichen an. Ich zeigte es Aaron, der gerade fernsah. Er meinte, dass das kein Plus sei, sondern nur die Stelle, an der ein Plus sein *sollte*, und dass wir einfach hoffen sollten, dass es im nächsten Monat klappen würde. Aber ich hatte Leute sagen hören, positiv sei positiv, auch wenn es nur schwach sei. Und wenn ich meine Augen richtig anstrengte, konnte ich eindeutig ein Plus erkennen. Er nahm mir das Versprechen ab, an diesem Abend keine weiteren Tests mehr vorzunehmen, also machte ich nur noch einen einzigen, während er noch vor dem Fernseher saß, aber ich machte etwas falsch dabei, also finde ich, er zählt nicht. Ich hatte für den nächsten Morgen noch einen Test übrig. Morgens sind diese Dinge angeblich besser zu erkennen, und Gott sei Dank war es einer dieser digitalen Tests, auf denen man tatsächlich »schwanger« oder »nicht schwanger« lesen kann.

Am nächsten Morgen wollte ich zu meiner Freundin Ruth fahren. Ich stellte meinen Wecker, um rechtzeitig bei Ruth zu sein, bevor sie ihren Sohn Oskar in den Kindergarten brachte. Als der Wecker klingelte, sah ich den letzten Test auf dem Nachttisch liegen. Ich machte ihn und kuschelte mich wieder zu Aaron ins Bett, während ich auf das Ergebnis wartete. »Schwanger« stand darauf. Klar und deutlich. Ich zeigte ihn Aaron. Er war schlagartig hellwach und sagte: »Bleib hier. Du kannst mich doch in so einem Moment nicht allein lassen!« Ich rief Ruth an und wartete mit einer sonderbaren Ausrede auf, für die ich mich später entschuldigte. Man sollte meinen, dass es in so einem Moment so viele Dinge zu sagen gäbe, aber Aaron und ich schwiegen und ließen die ganze Tragweite und den Schock auf uns wirken. Wir lagen nebeneinander im Bett, starrten zur Decke hinauf, staunten und hatten Angst.

In den ersten zwölf Wochen schlief ich die meiste Zeit; die restliche Zeit aß ich. Nach zwölf Wochen verzog sich der Nebel schließlich wieder, wie mir alle versprochen hatten, und ich hatte das Gefühl, wieder ich selbst zu sein. Ich selbst, nur dicker. Viel dicker. Die am stärksten strapazierten Gegenden waren meine Oberschenkel und meine Knie. In dieser Gegend geschah etwas Furchtbares, aber ich habe einfach beschlossen zu glauben, dass es reversibel ist.

Eine meiner besten Freundinnen nahm bei ihrer ersten Schwangerschaft über vierzig Kilo zu. Eine Freundin von ihr sagte später, jetzt, da sie ihren Sohn kenne, verstehe sie das. Anscheinend sei wirklich dieser ganze Platz nötig gewesen, um den großen, wunderbaren Geist ihres Kindes unterzubringen Ich finde, das ist eine nette Art, es zu sehen, und ich sage mir immer, dass unser Kleines vielleicht einfach ein wenig mehr Platz braucht, um sich zu bewegen, genauso wie der Sohn meiner Freundin.

Ich versuche, diese Erklärung nicht zu vergessen, wenn ich Mühe habe, Schwangerschaftskleidung zu finden, die gut aussieht, aber es gibt Grenzen dafür, was man mit riesigen elastischen Stoffbahnen und Oberteilen mit Empire-Schnitten anstellen kann. Am Ende komme ich mir immer wie ein übergroßes Kind vor. Ich weiß, dass ich es diesen Schwangerschaftskleidern nicht leicht mache. Ich bin nicht nur am Bauch schwanger. Ich bin im Gesicht und an den Händen und Füßen und Armen schwanger. Meine Nase ist schwanger.

Womit ich nicht gerechnet hatte, war, dass das Baby von Anfang an so viel von meinem Denken und Fühlen beherrschen würde. Ich wusste, dass es meinen Körper beschlagnahmen würde, aber ich war überrascht, wie tief es in meinen Gedanken und Gebeten und Träumen Wurzeln schlug. Ich dachte immer an mein Baby. Ich vergaß es nie, ich war beim Aufwachen nie von meinem dicken Bauch überrascht. Schwangersein ist eine viel aktivere Sache, als ich gedacht hatte, eine Sache, die man tut, um die man sich kümmert, über die man nachdenkt. Ich dachte, man würde eben schwanger, neun Monate später käme das Baby und erst dann finge das Leben an, sich zu verändern. Aber das war überhaupt nicht der Fall.

Bei der Untersuchung im fünften Monat wurde die erste Ultraschallaufnahme gemacht, und wir erfuhren, dass wir einen Sohn bekommen. Alle, von der Frau beim Videoverleih bis zu meinen guten Freundinnen, hatten gedacht, es werde ein Mädchen, weil mein Bauch diese Form hatte, weil mir nicht übel war, weil meine Knöchel so aussahen, wie sie aussahen. Am Abend vor dem Ultraschall lagen Aaron und ich im Bett und sagten beide, dass wir dachten, wir bekämen ein Mädchen. Wir gewöhnten uns an diesen Gedanken.

Als wir jetzt beim Ultraschall erfuhren, dass wir eindeutig, hundertprozentig einen Sohn bekommen, waren wir überrascht und ruhig. Und aufgeregt. Wir hatten für unseren ersten Sohn schon vor Jahren den Namen Henry ausgesucht. Auf dem Heimweg vom Arzt beschlossen wir, ja, so sollte er heißen: Henry Niequist. Wenn Aaron das Haus verlässt, um zur Arbeit zu fahren, küsst er meinen Bauch und sagt: »Henry, ich bin dein Vater. Sei heute lieb zu deiner Mama. Ich liebe dich.«

Einige Tage nach der Ultraschalluntersuchung fühlte ich zum ersten Mal, wie Henry sich bewegte. Es war eine ganz leichte Bewegung, als ich in der Küche stand und die Post durchschaute. Jetzt bewegt er sich fast ständig. Manchmal windet er sich so kräftig, dass ich das Gefühl habe, in einer Achterbahn zu sitzen und meinen Magen zu spüren.

Zu den besten Dingen bei der Schwangerschaft gehört für mich, wie intensiv ich alles schmecke und fühle und rieche. Ein weicher Sessel genügt, um mir das Gefühl zu geben, alles auf der Welt sei gut. Mais und reife Pfirsiche werfen mich mit ihrem Geschmack richtig um. Bei Lavendelseife falle ich vor Glück fast in Ohnmacht. Ich war noch nie so leicht zufriedenzustellen.

Das Gegenteil trifft leider auch zu. Unbequeme Schuhe geben mir das Gefühl, sie wären eigens angefertigt worden, um mich zu foltern. Es gibt nichts Schlimmeres als den Geruch von rohem Hähnchen oder Schimmel. Eine Freundin, die vor Kurzem schwanger war, sagte, sie habe den Atem eines Menschen aus zwei Kilometern Entfernung riechen können.

Wenn ich an diesen Menschen, an dieses winzige Baby in unserem Haus denke, gibt es eine Million Dinge, vor denen ich Angst habe. Ich habe Angst, dass Henry stürzt oder ein Putzmittel trinkt, das ich nicht kindersicher weggeschlossen habe. Ich habe Angst, dass er Angst hat, dass er traurig ist, dass er ein Kind wird, das die ganze Zeit ein wenig nach Pipi riecht. Ich habe Angst, dass bei mir der natürliche Mutterinstinkt ausbleibt, ich habe Angst, was diese Veränderungen in unserer Ehe bewirken werden, Angst, dass ich eine zu dominante Mutter sein werde, die ihr Kind einschränkt. Ich habe Angst, dass ich mit dem

Baby im Auto in einen Unfall gerate oder dass ich mit ihm die Treppe hinunterfalle.

Aber gleichzeitig sagt etwas in mir, vielleicht die Hormone oder die Gnade Gottes, dass es zwar vieles gibt, das ich nicht kann und nicht sein werde, aber eines kann ich: Ich kann eine Mutter sein. Aaron und ich können eine Familie sein. In manchen Momenten habe ich das Gefühl, seine und meine Lebensgeschichte haben uns die ganze Zeit auf dieses Ziel hingeführt.

Einerseits ist es einfach ein Warten. Ein Warten und Vorbereiten. Aber gleichzeitig habe ich das Gefühl, ein Geheimnis ganz für mich allein zu haben, etwas Kostbares, das ich mit mir herumtrage, wie wenn man von einer Überraschungsparty weiß, von der sonst niemand etwas weiß, wie wenn man die ganze Zeit einen winzigen Freund mit sich herumträgt.

Ich kann es nicht erwarten, diesen kleinen Menschen kennenzulernen, seine Augen und sein Gesicht zu sehen, zu erfahren, wessen Gesicht wir in seinem Gesicht sehen werden, Aarons Gesicht, das meines Vaters oder das meines Bruders? Ich kann es nicht erwarten, ihm alles zu erzählen, was wir miteinander unternommen haben, als ich schwanger war, dass wir nach Zürich, Orlando, Harbor Springs und Chicago fuhren, dass wir ihn ab dem ersten Moment seines Lebens geliebt haben und wie sehr er schon jetzt unser Leben verändert. Wie ich umhergehe und an sein Kinderzimmer denke, meinen Bauch halte und ihm sage, dass wir uns, so gut wir können, um ihn kümmern werden.

Ich weiß nicht, was die Zukunft bringt. Ich weiß nicht, was ich in meinem Leben tun und nicht tun werde. Aber eines weiß ich jetzt schon: Ein Kind zu bekommen gehört zu den allerbesten Dingen meines Lebens. Und Henry zu bekommen ist das, worauf ich in meinem Leben am meisten stolz bin.

Also komm, Henry Niequist. Komm in unser Leben und in unser Haus und in unsere Herzen. Verändere uns, mache dich in uns breit, stell uns auf den Kopf. Komm herein. Komm heraus.

Der rote Baum

Vor ein paar Monaten, mitten im Herbst, wachte ich an einem Freitagmorgen früh auf. Ich merkte, dass eine Erkältung im Anzug war. In diesem Monat hatten wir in unserem Haus eine Babyparty, eine Brautparty und das Essen nach einer Hochzeitsprobe ausgerichtet. Ich wechselte den Arbeitsplatz in meiner Gemeinde, was bedeutet, dass man eine Zeit lang doppelt so viel arbeiten muss. Eine gute Freundin heiratete, eine andere feierte ihren dreißigsten Geburtstag, wieder eine andere stellte fest, dass sie schwanger war, und eine weitere adoptierte ein Neugeborenes. Meinem Mann waren die Weisheitszähne gezogen worden, weil wir ja in diesem Monat so viel Zeit für eine so schmerzhafte Operation hatten, und an diesem speziellen Freitagmorgen hatte ich noch zwei Wochen Zeit bis zu einer Veranstaltung, bei der ich ein Seminar halten sollte. Ich hatte keine Ahnung, was ich sagen sollte oder was ich anziehen sollte, und das machte mir ein klitzekleines bisschen Stress.

Mein Mann brauchte noch mehr Mull für seine Zähne, mehr Eis und mehr Suppe. Und wenn ich schon unterwegs war, auch mehr Erdbeeren. Okay.

Ich zog mir schnell einen Mantel über den Pyjama, raste zur Tür hinaus, rannte durch den Laden und warf die Sachen eilig in den Einkaufswagen. Auf der Heimfahrt bekam ich einen Anruf, der mich wegen einer der bevorstehenden Veranstaltungen in starken Stress versetzte. Als ich heimkam, sagte mein Mann mir, dass ich den falschen Mull gekauft habe. Man sollte meinen, ich könnte den richtigen Mull kaufen, da ich ihn in dieser Woche schon siebenmal gekauft hatte, aber es war tatsächlich der falsche.

Ich ließ ihn nicht einmal zu Ende reden. Ich stapfte wieder zur Tür hinaus, zurück zum Auto und hatte immer noch meinen Pyjama unter dem Mantel an. Als ich das Garagentor zum zweiten Mal an diesem Morgen öffnete, hielt ich plötzlich mitten in meinen Bewegungen inne. Im Park auf der anderen Straßenseite leuchtete ein großer Baum, der doppelt so hoch ist wie ein zweistöckiges Haus, in einem strahlenden, hellen, unglaublichen, wie von innen beleuchteten Rot. Mir verschlug es den Atem.

Erstens, weil dieser Anblick so wunderschön war, und zweitens, weil ich absolut nichts von dieser Veränderung mitbekommen hatte. Ich war in den letzten zwei Wochen unzählige Male in unserer Auffahrt gewesen und hätte nicht sagen können, ob dieser Baum überhaupt noch stand. Während ich vor unserer Garage stand, wurde mir bewusst, dass ich aufgehört hatte, die wirklich wichtigen Dinge zu sehen.

Ich sah die To-do-Listen, die Berge von Sachen im Haus, die für die Feiern in Schränken verstaut werden mussten. Ich sah die Stöße mit halb ausgegorenen Gedanken und Merkzetteln auf meinem Schreibtisch, die sich nicht, wie ich gehofft hatte, von selbst in eine brillante Rede verwandelten. Ich sah den Wäschestoß, der zur Reinigung musste und den Stoß Arbeit, der erledigt werden musste, und die vielen Versprechen, die ich gegeben hatte und unmöglich halten konnte.

Ich sah die lange Liste mit Terminen und Projekten bei der Arbeit und die lange Liste mit Telefonanrufen, die ich erledigen musste. Ich musste Geschenke kaufen, Flüge buchen, den Ölwechsel vornehmen und Leute feiern. Aber ich sah nicht die Menschen oder die Feiern. Ich sah nichts anderes als das Chaos in meinem Leben, in meinem Haus und in meinem Kalender.

Wir organisierten eine Babyparty, und ich sah nur die Einkaufsliste, die Programmideen und die Bücherregale, in denen ich Staub wischen musste, aber unter diesen ganzen Dingen wartete, wie der rote Baum im Park, das eigentlich Wichtige darauf, dass ich endlich einen Blick dafür bekäme. Hinter diesen ganzen Dingen, die erledigt werden mussten, lag eine wunderbare Geschichte.

Seit fast drei Jahren wünschten sich Nate und Melissa ein Kind und hatten alle möglichen Wege eingeschlagen, von medizinischen Lösungsversuchen bis zur internationalen Adoption. An vielen Punkten dieses Weges hatte es so ausgesehen, als ginge es wegen der fast unüberwindlichen Bürokratie, wegen des fehlenden Geldes oder der schwer zu beschaffenden Papiere nicht weiter. Aber dann erfuhr Melissa, dass sie in ein paar Wochen im Kreißsaal wäre und die Frau begleiten würde, deren kleines Mädchen, Selah Grace, sie adoptieren würden. Darum ging es bei der Babyparty. Nicht um die Geschenke, die gekauft werden, das Essen, das vorbereitet werden, die Sachen, die weggeräumt werden mussten, sondern um ein Leben, eine Familie und eine wunderbare Hoffnung, die hier gefeiert wurden.

Hinter der To-do-Liste für das Essen nach der Hochzeitsprobe in unserem Haus verbirgt sich die Geschichte meiner Schwägerin Amy, deren Hochzeit wir am nächsten Tag feierten. An jenem Abend erzählten sich bei Hähnchen-Korma und Tandoori zwei Familien Geschichten, lachten und beteten miteinander und freuten sich auf den Moment, in dem aus den zwei Familien eine würde. Nach einem Jahrzehnt kaputter, schmerzhafter Beziehungen, den Narben und dem Schmerz, der damit verbunden war, schaute Amy im Kreis ihrer beiden Familien über unsere Stadt, als sie Austin heiratete, einen Mann, der alles ist, was sie sich erhofft hatte, und alles, was die anderen Männer nie waren. Amy war eine wunderbare Braut, sie strahlte Schönheit, aber vor allem Liebe aus. Es heißt, einige Frauen würden schöner werden, ihr Leben würde neu aufblühen, wenn sie geliebt werden. Obwohl ich mich mit dieser Vorstellung schwertue, weiß ich, wenn ich Amy sehe, dass das stimmt. An dem Tag, an dem sie Austin heiratete, begann etwas Neues in ihr, ein schönes, lebendiges, hoffnungsvolles, großzügiges Leben, eine Frau in ihrer vollen Blüte. Das ist das Leuchtende, Schöne, das sich hinter den Fragen um den Menüplan, die Sitzordnung und die richtige Farbe der Kerzen verbirgt.

Es sah aus wie ein voller Terminkalender, ein Berg an Terminen, To-do-Listen und Einkaufslisten. Aber dieser Monat war ein Greatest-Hits-Album, eine Sammlung an reichen und wunderbaren Geschichten, die nur Gott durch unser Leben erzählen kann. Was wie eine Party oder schon wieder wie ein Abend, an dem die Wohnung aufgeräumt werden musste, aussah, war in Wirklichkeit ein großartiges Geschenk von Gott, das wir feiern durften. Was wie eine einfache, alte Straße in der Stadt aussieht, bleibt eine einfache, alte Straße, bis man den Blick hebt, den roten Baum sieht und erkennt, dass es nicht einfach eine alte Straße ist. Es ist ein Meisterwerk, das nur einmal im Jahr zu sehen ist, unser eigenes kleines Weltwunder. Um ein Haar hätte ich es völlig übersehen.

Exodus

Im letzten Winter leitete ich eine Bibelarbeit über das Buch Exodus. Es war nicht die Art Bibelstudium, die ich gewohnt bin, denn normalerweise sieht ein Bibelstudium bei mir so aus, dass ich mich mit ein paar Freunden bei jemandem zu Hause oder in einem Café treffe und wir gelegentlich tatsächlich über den Bibeltext reden, aber hauptsächlich unterhalten wir uns und erzählen uns Geschichten und beten am Ende miteinander. Es war ein Bibelstudium anderer Art, ein Bibelstudium, bei dem man ein wirklich dickes Auslegungsbuch braucht und das schwer zu verstehen ist, wenn man es nur in den Werbepausen von *Wer wird Millionär?* am Abend vorher vorbereitet. Nicht, dass ich so etwas jemals tun würde, aber falls ich das getan hätte, wäre es eine ziemliche Herausforderung gewesen.

Die anderen Leute in der Gruppe sprachen Griechisch und Hebräisch. Ich spreche Französisch, was bei theologischen Studien nicht ganz so hilfreich ist, obwohl man es viel besser brauchen kann, wenn man gut essen oder shoppen gehen will. Im Allgemeinen ziehe ich die Vorteile des Französischen vor, aber bei diesem Bibelstudium geriet ich ein wenig ins Zweifeln. Das Ganze fand um sechs Uhr morgens statt, zu einer Tageszeit, die normalerweise dafür reserviert ist, um zum Flughafen zu fahren, aber auch nur, wenn ich an einen sonnigen Ort fliege, an dem kleine Papierschirme in meinen Getränken stecken. Außerdem begann der Kurs im Januar. Der Januar in Grand Rapids ist nicht zu beschreiben. Er bringt mich auf die Idee, dass wir uns vielleicht verhört haben, als Gott sagte, in der Hölle sei es heiß, denn ich glaube, die Hölle könnte eisig kalt sein; so kalt, dass man meint, alles friere einem ein und man müsse schreien, sobald man die Tür aufmacht, wie im Januar in Grand Rapids. Heiß ist für mich tropisch. Heiß bedeutet Flipflops und den Duft von Kokosnüssen. Kalt klingt meiner Meinung nach viel eher nach ewiger Bestrafung. Wie Grand Rapids im Januar.

Also Januar. Grand Rapids. Sechs Uhr in der Früh. Exodus. Klingt nach einer wunderbaren Party. Ich stellte meinen Wecker und fuhr in meinem eiskalten Auto mitten in der pechschwarzen Nacht zum Café, bestellte mir fünf Liter schwarzen Kaffee und fuhr dann weiter zur Gemeinde. Als der Kurs ungefähr drei Wochen lief, erfuhr ich, dass ich schwanger war. Das steigerte mein Partygefühl noch mehr. Fett, launisch und unter extremem Koffeinentzug. Ich saß an einem langen Tisch, umgeben von Leuten, die offenbar zu ihrer Studentenzeit tatsächlich die Kurse über das Alte Testament besucht hatten und von denen mehrere ihr Wissen danach noch vertieft hatten.

Aber zu meiner Überraschung stellte ich fest, dass mich die Exodusgeschichte dieses Mal stark berührte. Es ist eine großartige Geschichte, eine große, aufregende Geschichte über das Meer, die Wüste und den Himmel, aber es ist auch eine Geschichte mit unglaublichen Details, wie ein Fabergé-Ei, wie ein großes Gemälde mit winzigen, detailgetreuen Pinselstrichen. Natürlich ist es eine wichtige Geschichte mit großen Themen und tief greifenden Wahrheiten über das Wesen Gottes und seines Volkes, ein fein gewebtes Netz aus Ideen und Idealen, aber es geht darin auch um Blut, Knochen, Hebammen, Frösche, Feuer und Brot.

Exodus – und eigentlich die ganze Bibel – wird uns üblicherweise häppchenweise und vakuumverpackt serviert, wie Hühnerbrust in der Tiefkühltruhe in ihrer flachen, sauberen, kleinen Plastikverpackung. Aber als ich dieses Buch in jenem Januar las, kam es mir viel mehr wie eine Hühnerschar im Hof von irgendjemand vor, die Staub aufwirbelt, kreischt, gackert und sich gegenseitig pickt, mit roten, schwarzen und weißen Federn, die in der heißen Sonne glänzen. Es hat weniger Ähnlichkeit mit einem Auslegungsbuch mit Fußnoten und Querverweisen und mehr mit einem Krimi oder einem historischen Roman über Liebe, Glauben und Verrat, eine Geschichte über Familie, Angst, Tiere und Wut.

Zu meinen Lieblingsbeschäftigungen gehört, Bücher über Essen zu lesen und Kochsendungen im Fernsehen anzuschauen. Ich löchere meine Freunde mit Fragen, was sie im Restaurant bestellen und was sie sich zum Essen kochen. Ich langweile meinen Mann fast zu Tode mit meinen ausführlichen Beschreibungen darüber, was ich für einen Abend mit Freunden kochen will, und was genau mich zu dieser Menüzusammenstellung veranlasst hat.

Vielleicht ist mir das alles deshalb so wichtig, weil ich so viele Jahre so weit entfernt von diesem Teil meiner Person gelebt und nur künstliches Diätessen gegessen hatte. Ich hatte mich wegen meines Gewichts so geschämt, dass ich mir verboten hatte, in die sinnliche, wahrnehmungsorientierte Welt des Essens einzutreten. Als Bestrafung, und weil ich mir selbst nicht traute. Ich dachte wahrscheinlich, wenn ich mir erlaubte, gutes Essen zu kochen, zu berühren und zu riechen, würde ich anfangen zu essen und nicht mehr aufhören können. Also aß ich Essensimitationen wie fettfreien Käse und fettfreie Mayonnaise und gestand mir nie zu, etwas zu essen, das man nicht nur schmeckt, sondern das man auch fühlt, riecht und hört, wie frischen Mozzarella oder frisch frittierte Calamari, bestäubt mit Maismehl, zischend und prickelnd.

Vielleicht ist es mir deshalb so wichtig, weil es für mich eine Art ist, anderen meine Liebe zu zeigen, wenn ich für sie etwas Gutes koche. Wenn ich jemandem ein gesundes und gutes Essen vorsetze, zeige ich ihm damit, dass ich ihm wünsche, dass er gedeiht, dass er glücklich und gesund ist und gut leben kann. Mir ist es vielleicht auch deshalb so wichtig, weil ein so großer Teil der Arbeit, die ich tue, sowohl in der Gemeinde als auch als Schriftstellerin, in meinem Kopf und in meinem Herzen abläuft, aber gewöhnlich nicht in meinem Körper und in meinen Fingern. Nach einem langen Tag am Laptop oder einer vollen Woche mit Terminen und Besprechungen hilft es mir, zu mir selbst zurückzufinden, wenn ich durch die Lebensmittelabteilung schlendere, die Zutaten einkaufe, das Gemüse wasche und klein schneide, Knoblauch und Brühe erhitze oder die Schärfe von Cheddarkäse auf Vollkornbrot koste.

Vielleicht ist es mir aber auch deshalb so wichtig, weil es – obwohl ein so großer Teil des modernen Lebens und der Theologie darauf beharrt, dass es vor allem auf meinen Verstand, meine Seele, mein Inneres, mein Herz ankomme –, immer noch diesen unermüdlichen Teil in mir gibt, der auf einer ganz tiefen Ebene weiß, dass die Dinge, die wir sehen, berühren, hören und schmecken, auch geistlich sind. Man kann das Geistliche und das Körperliche nicht voneinander trennen. Gott hatte in meinem Leben so viel Arbeit damit, diese beiden Teile zu einer Einheit zusammenzufügen. Das Buch sieht das anscheinend nicht anders. Die Oliven und der Wein, die Gedanken und die Steine, der Berg und die Seele spielen alle eine große Rolle und haben eine wichtige Bedeutung. Es ist nicht so, dass nur die Gedanken und die Seelen wichtig wären und der Rest lediglich überflüssiges Beiwerk wäre.

Das Buch Exodus brachte diesen kleinen Teil in mir an die Oberfläche, der flüstert: »Das habe ich mir gedacht! Das habe ich gehofft!« Die besten Geschichten hallen immer irgendwo in uns wider und geben uns das Gefühl, dass wir so, wie wir sind, richtig sind.

An den Tagen, an denen wir das Buch Exodus studierten, hatte ich das Gefühl, anders durch den Rest des Tages zu gehen. Zum Teil lag es natürlich daran, dass ich das Gefühl hatte, seit dem Beginn der Zeit auf den Beinen zu sein, was bedeutete, dass ich ab neun Uhr morgens auf das Mittagessen wartete und dass ich es ab ein Uhr kaum noch erwarten konnte, Feierabend zu haben. Gleichzeitig hatte ich das Gefühl, dass mein Leben, mein tatsächliches, mein alltägliches Leben, ein wenig geadelt worden war, als stünde ich ein wenig aufrechter. Ich aß mein Brot, meinen Hummus und meine Oliven zum Mittagessen und hatte das Gefühl, Teil von etwas Altem und Elementarem zu sein und dass es etwas Wichtiges ist, gutes Essen, frisches Essen, das jemand mit seinen eigenen Händen zubereitet hat, zu mir zu nehmen. Ich musste an das Garn in meinem Schal denken und daran, dass es jemand mit seinen Händen hergestellt hat und dass Fäden, Kleidung und Farben wichtig gewesen waren, als die Stiftshütte gebaut wurde.

Ich hatte das Gefühl, auch wenn eine Million Dinge in meinem Leben anders sind als bei den Menschen damals, wie E-Mails, Gore-Tex, Müsliriegel und Geschirrspüler, sind andere Dinge gleich geblieben, wie Insekten, Hefe und der Wunsch, Gott anzubeten. Es gibt immer noch eine große Geschichte, die als einfaches, normales Leben verkleidet ist. Diese große Geschichte handelt von Liebe, Tod, von Gott, von Brot, Wein und Oliven, von Vergebung und Hunger und Freiheit, von den ganzen Dingen, von denen wir träumen, und von den ganzen

Dingen, mit denen wir täglich umgehen und die wir in der Hand halten. Exodus war der Wilde Westen, gesetzlos und riskant, und Exodus ist in den Städten, in denen wir leben, lärmend und lebendig, und eines Tages, wenn die Zukunft eine Welt schafft, die wir uns jetzt nicht einmal vorstellen können, wird Exodus da sein. In den Liedern, Geräuschen, im Fleisch und in den Knochen eines Volkes, das immer noch auf der Wanderschaft ist und sich immer noch nach einer Heimat sehnt.

Wenn alles zerbricht

Als ich einen Entwurf für dieses Buch schrieb, war es Januar. Es war für mich das Natürlichste auf der Welt, ein Buch über das Feiern zu schreiben, ein Buch über die Schönheit und die unglaublichen Dimensionen unseres alltäglichen Lebens. Das zurückliegende Jahr war ereignisreich, aufregend und bescherte uns viele wunderbare Erlebnisse. Wir feierten das dreißigjährige Bestehen der Gemeinde meiner Eltern, fuhren mit unseren besten Freunden nach Miami und feierten großartige Partys, Feste für Menschen, die wir lieben. Wir fuhren zum ersten Mal nach Italien. Meine Cousine Melody und meine Schwägerin Amy heirateten zwei wunderbare Männer. Zum ersten Mal in meinem Leben hatte ich eine wirklich gute Frisur.

Als der Verlag meinen Buchentwurf annahm, trank ich ein Glas teuren Sekt mit meiner besten Freundin und war so glücklich, dass ich Luftsprünge hätte machen können. Einige Tage später erfuhr ich, dass ich schwanger war und bekam Schuldgefühle, weil ich Sekt getrunken hatte, war aber gleichzeitig außer mir vor Freude.

Sechs Wochen später, in den ersten Frühlingstagen, als ich gerade anfing, den anderen von unserem Baby zu erzählen, kündigte ich meine Stelle in der Gemeinde. Es war kein Skandal. Ich hatte kein Geld aus der Spendenkasse gestohlen, niemand hatte geschrien oder mit Türen geknallt. Rückblickend erkenne ich deutlicher, was da geschah, was schiefgegangen war, ohne dass es mir bewusst war, was ich selbst zu einer bereits vorher schwierigen Situation beitrug. Wenn ich schlauer und aufmerksamer gewesen wäre, hätte ich schon früher gekündigt. Aus vielen Gründen, die ich erst jetzt verstehe, tat ich aber genau das Gegenteil: Ich bemühte mich und strampelte mich ab, damit etwas funktionierte, das schon lange, bevor ich begann, es retten zu wollen, aufgehört hatte zu funktionieren. Schließlich ging ich, weil ich keine andere Wahl hatte.

Für mich war es mehr als ein Rückschlag in meiner Karriere, mehr als eine berufliche Enttäuschung. Es brach mir das Herz. Es war, als würde alles um mich herum zusammenbrechen. Ich fühlte mich so verwundbar und machtlos wie schon seit zehn Jahren nicht mehr. Ich erkannte mich im Spiegel nicht mehr. In der Tiefe meines Herzens glaube ich insgeheim immer noch, dass ich eigentlich nicht gut bin, dass ich kein Talent habe und anderen nicht wirklich helfen kann und dass das eines Tages alle herausfinden werden, auch wenn es mir eine Weile gelungen ist, allen etwas vorzuspielen. In dieser Zeit brachen diese Gefühle, die seit Jahren unterschwellig da gewesen waren, an die Oberfläche.

Heute weiß ich, dass es bei der ganzen Sache überhaupt nicht um meinen Arbeitsplatz ging. Es ging darum, dass diese Arbeit wie eine Sicherheitsnadel war, die mich zusammengehalten hatte, und als die Nadel nicht mehr funktionierte, brach das ganze System meines Lebens und meiner Person auseinander. Es geschieht ständig, dass Menschen ihre Arbeit kündigen. Das weiß ich. Ich weiß auch, dass das schwer ist, dass es einem einen Stich versetzt und dass man darüber hinwegkommt und sich einfach einen neuen Arbeitsplatz sucht. Ich weiß, dass ein Job etwas ist, das man tut. Ein Job sagt nichts darüber aus, wer man ist, ein Job ist nicht so wichtig wie unser Charakter, unsere Familie oder unsere Seele. Das weiß ich alles.

Ich weiß das alles, aber als ich meine Arbeit kündigte, passierte etwas in mir. Etwas Schlimmes. Ich verlor etwas, auch wenn ich nicht genau wusste, was. Ich verlor das Gefühl, dass mit mir alles in Ordnung sei und dass es mir bald wieder gut gehen würde. Ich verlor jeden Glauben an meine Zukunft. Ich war traurig, ich hatte Angst und schämte mich. Ohne es zu wissen, ohne es zu wollen, hatte ich viel zu viel von mir selbst in meine Arbeit investiert, mehr, als gut für mich war. Ich hatte zugelassen, dass ich furchtbar tief stürzen würde, falls mir diese Arbeit je genommen würde. Genauso kam es dann natürlich. Ich hatte alles auf eine Karte gesetzt – auf meine Arbeit – und als der Job wegfiel, brach alles zusammen.

Jemand mit einem gesünderen Selbstvertrauen, mit einer tiefer verwurzelten Persönlichkeit, wäre mit seinem gesunden Selbstvertrauen und seinen tiefen Wurzeln einfach zum nächsten Job weitergezogen.

Aber das konnte ich nicht. Als ich meinen Computer und meine Schlüssel zurückgab, gab ich meine Identität zurück, mein Selbstvertrauen, meine Legitimation. Die Schuld dafür liegt bei niemand anderem als bei mir selbst. Es war meine Schuld, dass ich versuchte, eine Abkürzung zu finden, obwohl ich ganz genau wusste, dass wahre geistliche Tiefe und wirkliches Selbstvertrauen Zeit brauchen, um wachsen zu können.

Den ersten Monat, nachdem ich aufgehört hatte zu arbeiten, verbrachte ich wie unter einer dicken Nebeldecke. Einige Tage waren leicht und einige waren schwer, aber ich konnte nie vorhersagen, welche Tage wie werden würden. Ich heulte mir die Augen aus und schlich durchs Haus, las Romane, aß mexikanisches Essen vom Vortag.

Manchmal zwang ich mich, zum Gottesdienst zu gehen, aber wenn ich versuchte zu singen, kamen nur Tränen heraus, und wenn ich versuchte zuzuhören, schossen mir alle möglichen Szenarien durch den Kopf: Was hätte man machen können, was hätte anders laufen können, wie konnte ich alles wieder gutmachen, welche magischen Worte von welcher magischen Person würden alles ungeschehen machen? Manchmal blieb ich auch vom Gottesdienst zu Hause. Ich hatte acht Jahre lang sonntags gearbeitet. Ich war in einer Pastorenfamilie aufgewachsen, wo die Sonntage Großkampftage sind. Schon bevor wir miteinander befreundet waren, hatten Aaron und ich am Sonntag gemeinsam im Gottesdienst mitgearbeitet. Zu Hause zu bleiben war, als würde eine Party gefeiert und ich sei nicht dabei. Ich fühlte mich furchtbar einsam.

Weil ich mich so sehr schämte, mich überführt fühlte und weil mir alles so peinlich war, sagte ich alles ab und ging ungefähr sechs Wochen lang auf keine Partys, rief niemanden an und schlug alle Einladungen aus. Ich sprach mit meinem Mann, mit meinen Eltern und mit meinem Hauskreis, aber sonst mit niemandem. Nach einem äußerst unangenehmen Gespräch mit jemandem, dem ich in meinem Lieblingsfrühstücksrestaurant über den Weg lief, ließ ich mir meistens das Frühstück nach Hause bringen.

Ungefähr zwei Monate nach meiner Kündigung sollte ich als Referentin bei einer Konferenz sprechen. Ich war im Grunde froh, dass ich noch ein paar Termine als Referentin im Kalender stehen hatte. Ich liebe diese Arbeit, und sie gibt mir das Gefühl, dass ich etwas zum Einkommen meiner Familie beitrage. Aber gleichzeitig fühlte ich mich so furchtbar verwundbar. Das Letzte, was ich wollte, war, mich vor irgendwelche Leute hinstellen und etwas sagen zu müssen. Was sollte ich tun, wenn mich jemand fragte, wie es in meiner Gemeinde lief? Hatte ich ein Recht, mich überhaupt dort vorne hinzustellen und etwas zu sagen?

Am ersten Morgen der Konferenz fuhr ich hin, um mir die anderen Redner anzuhören. Ich musste erst am nächsten Tag sprechen, aber ich wollte schon am ersten Tag dort sein, um mich umzuschauen. Ich hatte meinen Vortrag schon fertig vorbereitet – na ja, mehr oder weniger fertig.

Auf der Fahrt wurde ich immer nervöser, als wäre ich unterwegs, um Blut zu spenden, oder als führe ich zu einem Blind Date. Als ich auf dem Parkplatz ankam, war ich in Tränen aufgelöst. Ich blieb im Auto sitzen und versuchte, mich zu beruhigen und mein Make-up wieder in Ordnung zu bringen. Ich war schwanger und müde, obwohl der Himmel tiefblau war und die Sonne durch die Windschutzscheibe schien. Ich lehnte mich zurück, legte den Kopf an die Kopfstütze und weinte.

Ich kam mir wie eine Betrügerin vor. Ich kam mir vor, als hätte ich kein Recht, jetzt noch bei dieser Konferenz zu sprechen. Mein Lebenslauf war im Programmheft abgedruckt worden, als ich noch in der Gemeinde gearbeitet hatte, und jetzt kam ich mir wie eine Lügnerin vor, wie eine Betrügerin, die sich an etwas klammerte, das nicht mehr stimmte. Ich war arbeitslos und schwanger, und am nächsten Tag sollte ich vor fast tausend Menschen ans Mikrofon treten, obwohl ich ihnen absolut nichts zu sagen hatte. Ich saß im Auto und konnte nicht aufhören zu weinen, bis ich mich ganz leer, hohl und erschöpft fühlte. Schließlich ging ich hinein und blieb eine Weile hinten im Raum stehen. Dann fuhr ich wieder nach Hause und schrieb meinen Vortrag komplett neu.

Am nächsten Morgen sollte ich nach dem Produzenten von X-Men sprechen und vor dem Mann, der den Hummer entwickelt hat. Ich schwöre es. Wirklich X-Men. Wirklich der Hummer. Ich trat auf die Bühne und sagte: »Ich möchte Ihnen gleich sagen, dass Ihnen das, was ich heute sagen werde, nicht gefallen wird. Aber ich bin schwanger. Das bedeutet, dass ich so dick bin wie ein Wal, dass ich esse, was mir vor die Finger kommt, und dass ich mich manchmal übergeben muss. Ich bin an einem Punkt, an dem ich nichts mehr zu verlieren habe. Ich will Ihnen also einfach sagen, was ich denke.«

Genau das tat ich dann auch. Ich erzählte einiges von dem, was meine Freunde und ich bei unserer Arbeit in christlichen Gemeinden gelernt hatten. Ich berichtete von den Lektionen, die wir auf die harte Tour gelernt hatten, und von den Dingen, die ich gern am Anfang meiner Arbeit gewusst hätte. Es war nicht witzig oder schön formuliert. Es gab keine Dias oder Videoclips oder lustige Anekdoten, aber es war der beste Vortrag, den ich je gehalten habe, und ich weiß genau, warum das so war. Weil ich nichts mehr zu verlieren hatte. Das lag nicht nur daran, dass ich schwanger war. Ich war – in meinen eigenen Augen – der schlimmste Versager, den es geben kann. Ich hatte es aufgegeben, die anderen beeindrucken zu wollen, aber ich dachte, dass ich ihnen wenigstens ein paar hilfreiche Gedankenanstöße für die Heimfahrt mitgeben könnte. Ich habe kein berühmtes Auto entworfen und auch keinen Blockbuster-Film gedreht, aber ich hatte fast ein ganzes Jahrzehnt damit verbracht, in Gemeinden Gottesdienste zu gestalten, und ich erzählte die Wahrheit über diese Arbeit, über ihren Wert und über ihre Herausforderungen, so wie ich sie sah.

Als ich mit meinem Vortrag fertig war, fühlte ich mich frei. Ich hatte keinen Titel und keine Visitenkarten mehr. Ich hatte das Gefühl, keinen Boden mehr unter den Füßen zu haben, auf dem ich stehen konnte, mich im freien Fall zu befinden. Aber in dieser Phase meines Lebens stellte ich zu meiner großen Überraschung fest, dass ich doch etwas hatte, auf dem ich stehen konnte, nämlich meine Geschichten, meine Erfahrungen, meine Fehler, Erfolge und die Erkenntnis, dass man diese Dinge nicht abgibt, wenn man die Schlüssel und den Laptop zurückgibt. Ich habe mich nie so allein und verwundbar gefühlt wie in dem Moment, in dem ich auf diese Bühne hinaufstieg, aber als ich wieder herabstieg, fühlte ich, dass ich ganz ich selbst war. Ich repräsentierte niemanden und nichts. Ich nahm einfach meinen eigenen Raum ein und erzählte meine Geschichten. Geschichten, die ich im Laufe dieser Jahre gelernt hatte. Und das genügte. Ich hatte das Gefühl, dass ich vielleicht zum allerersten Mal mein Leben selbst im Griff hatte. Mir gefällt der Weg nicht, den ich dafür gehen musste, aber ich habe das Gefühl, dass ich an einem wichtigen Punkt in meinem Leben angekommen bin.

Brüder, Schwestern und Grillfeste

An dem Tag, an dem ich meine Arbeit kündigte, traf sich unser Hauskreis zum Abendessen bei Joe, dessen Wohnung sich im oberen Stock eines alten Hauses ganz in unserer Nähe befindet. Wir stiegen die Holztreppe hinauf, an seinen Schuhen vorbei, die wie Soldaten auf den Stufen aufgereiht waren. Aaron und ich saßen mit dem Rücken zur Straße auf dem Futon unter dem Fenster. Ich hatte meine schwarz-weiß gestreifte Ella-Moss-Bluse an, weil ich wusste, dass es ein schwerer Tag werden würde, und weil ich mich in dieser Bluse immer ein wenig besser fühle.

Wir waren seit drei Jahren ein Hauskreis – Steve und Sarah, Annette und Andrew, Joe, Aaron und ich. Annettes und Andrews kleiner, wunderbarer Sohn Spence war vor Kurzem neu dazu gekommen, und wir werden im Herbst mit unserem Sohn für weiteren Zuwachs sorgen. Dieser Hauskreis hatte als wöchentliches Treffen begonnen, bei dem wir miteinander aßen und uns unterhielten. Doch bald entwickelten sich daraus viele Telefonanrufe, gemeinsame Urlaube, ausgeliehene Rasenmäher, Wochenenden am See und kurzfristige Babysitterdienste. Die Familien der meisten Mitglieder aus unserer Gruppe wohnen in einer anderen Stadt, und wir nehmen ein wenig den Platz der Familien im Leben der anderen ein, teilen unseren persönlichen Alltag und unseren Kummer miteinander und führen offene, manchmal auch schmerzhafte Gespräche. Wir weinen miteinander, beten miteinander und erzählen einander unsere Geheimnisse. Ich glaube, jeder von uns ist überrascht, welch eine wichtige Rolle wir inzwischen im Leben der anderen einnehmen und wie wichtig die anderen in unserem Leben geworden sind.

Beim Essen erzählte ich den anderen, was passiert war. Ich erinnere mich eigentlich nicht mehr genau, was ich ihnen erzählte, weil alles so fremd und frisch war. Ich weinte ein wenig, aber nicht so viel wie in den Wochen, die danach kamen. Annette, die am weitesten von mir entfernt saß, war schockiert und wütend und sah aus, als wollte sie mich vor allem Bösen beschützen. Sie beherrschte sich, aber ihr war anzusehen, dass sie außer sich war, und das heißt etwas. Sie stellten Fragen und beteten für mich am Ende des Abends, und in dieser Wohnung, im schwachen Licht von Joes Laptop und der Beleuchtung seiner Stereoanlage wusste ich, dass ich nicht allein war.

Zwei Wochen später trafen wir uns bei uns. Ich war zu einem langen Wochenende mit meiner Familie am Strand gewesen und danach zu meiner letzten Woche wieder an die Arbeit gegangen. In mir herrschte ein Chaos aus Ärger, Verwirrung und Angst. Ich war sehr emotional. Es gab selbst gemachte Makkaroni mit Käse und gebratenem Gemüse. Als wir nach dem Essen im Wohnzimmer saßen, fragten sie mich, wie es mir gehe.

Meine Worte waren kaum zu verstehen, während ich von einer Sorge zur nächsten und weiter zur nächsten stolperte. Ich versuchte immer wieder, das Thema zu wechseln, weil mir bewusst war, dass ich meine Gefühle nur schwer beherrschen konnte. Außerdem vermutete ich, dass die anderen es inzwischen müde waren, sich das alles anzuhören, auch wenn der Verlust meines Arbeitsplatzes für mich im Moment der Mittelpunkt des Universums war. Ich schämte mich, weil ich diese Sache nicht schneller verarbeiten konnte, weil ich mich nicht besser im Griff hatte und wegen der Tränen, die mir beim Sprechen über Gesicht und Hals liefen. Aber jedes Mal, wenn ich mich bei ihnen dafür bedankte, dass sie mir zuhörten, und versuchte, das Gespräch in eine andere Richtung zu lenken, brachten sie es wieder zu diesem Thema zurück und sprachen mit mir wie Menschen, die mich lieben. Sie lieben mich wirklich.

Irgendwann fiel mir Joe, der normalerweise schweigend zuhört, ins Wort. Ich schilderte zum x-ten Mal, wie viel Angst ich hatte und wie traurig ich sei. Plötzlich unterbrach er mich. »Du kannst dich im Moment fühlen, wie du willst. Aber eines will ich jetzt nicht mehr hören. Du sagst ständig, dass du dich schämst. Hör auf, das zu sagen. Meinetwegen bist du wütend, fühlst dich verraten und so weiter. Aber ich finde, es gibt nichts, wofür du dich schämen musst. Und ich werde mich nie schämen, dein Freund zu sein.«

Ich fühlte mich, als wäre ich nur noch ein Scherbenhaufen, aber Joes Worte halfen mir, mich wieder zusammenzusetzen. Bei dieser Geschichte geht es um einen Arbeitsplatz, eine Gemeinde, schwere Entscheidungen, schmerzhafte Gespräche und hitzige Diskussionen, aber es ist auch eine Geschichte über Freundschaft. In einer Zeit, in der ich nichts zu geben hatte als Gift und Tränen, in der ich alle Gespräche an mich riss und auf mich und mein Problem lenkte und dieselben Verschwörungstheorien wieder und immer wieder durchkaute, spürte ich in diesem kleinen Kreis von Leuten auf unmissverständliche Art Gottes Worte, seine Liebe und seine Gegenwart. Ich bin sonst nie so anhänglich und seltsam, so haltlos und so unfähig, vernünftige Gespräche zu führen. Ich bin meinen Freunden unbeschreiblich dankbar, dass sie in dieser schlimmen Phase zu mir hielten und mich ertrugen.

Wenn ich Steve, Joe oder Andrew sehe, tauchen vor meinem geistigen Auge manchmal Bilder von meiner letzten Dienstbesprechung auf, bei der ich mich von Menschen verabschiedete, mit denen ich jahrelang zusammengearbeitet hatte. Steve, Andrew und Joe standen wie Bodyguards ungefähr eine Armlänge von mir entfernt im Halbkreis hinter mir. An diesem Tag wurden sie für mich Brüder.

In den nachfolgenden Tagen schrieb und weinte ich viel. Meine Freunde riefen mich oft an, um zu fragen, wie es mir gehe. An den meisten Tagen sagte ich, ich hätte vor zu schreiben. Statt zu schreiben, las ich aber Romane. Ich verschlang sie förmlich, während ich ein Buch auf meinem schwangeren Bauch balancierte und Leute anlog, wenn sie mich fragten, ob ich am Laptop sitze und an meinem Buch schreibe. Das Lesen war für mich wie eine Flucht in andere Welten, eine willkommene Flucht vor langen, leeren Tagen, in denen ich eigentlich ein Buch darüber schreiben wollte, dass man das Leben feiern soll. Ein Buch über das Feiern erschien mir wie ein schlechter Scherz. Also arbeitete ich nicht daran, sondern lag einfach da und las Bücher.

Nach ungefähr sechs Wochen veränderte sich allmählich etwas. Ich brachte ein wenig Energie und die Bereitschaft auf, den nächsten Schritt zu gehen. Ich ging alle denkbaren Möglichkeiten durch, wie ich das tun könnte. Die beste Möglichkeit, die mir einfiel, war, auf den Tag genau zwei Monate nach meiner Kündigung eine Party zu feiern. Mein Therapeut lachte darüber und nannte es makaber, aber ich glaube, für mich war es wichtig zu erkennen, dass sich zwar vieles verändert hatte, aber dass einiges trotzdem unverändert geblieben ist. Konkret hieß das, dass ich immer noch eine wirklich gute Party organisieren kann, dass die Leute immer noch gutes Essen lieben und dass der Frühling nach einem scheinbar endlosen Winter in Grand Rapids immer noch ein guter Grund zum Feiern ist. Ich verriet niemandem den Grund für diese Party. Ich lud sie einfach zu einem »Grillfest am Montagabend ohne bestimmten Grund« ein.

Wir füllten unsere rote Schubkarre mit Eis, Bier- und Limoflaschen, wir grillten Steaks und stellten kleine Kuchen und Süßigkeiten für die Kinder bereit. Ich schob meinen schwangeren Bauch durch die Gegend und plauderte mit vielen von den Leuten, mit denen ich vor zwei Monaten noch zusammengearbeitet hatte und die ich furchtbar vermisste. Wir erzählten uns Geschichten, und als die Sonne hinter dem Zaun am Ende des Gartens unterging, suchte ich alle unsere Sweatshirts und Vliespullover zusammen und verteilte sie unter den Leuten, damit wir noch ein wenig länger draußen auf der Veranda sitzen konnten.

Nachdem alle fort waren, schaute Aaron mich an und sagte: »Du bist wieder da.« Ja, das war ich, zumindest ein wenig. Seitdem glaube ich fest an die heilende Wirkung von Grillfesten, weil mich dieses Grillfest wieder ein wenig zurück ins Leben geholt hatte, so makaber das vielleicht auch vorher geklungen hatte.

Dieser Grillabend veränderte nicht alles, aber er half mir, ein paar Zentimeter in die Zukunft zu gehen. Diese paar Zentimeter kamen mir vor wie eine Marathonstrecke, weil sie mir halfen zu lächeln, zu lachen und wieder ich selbst zu sein. Ein veränderter, erneuerter Mensch, aber unter den Tränen schaut mich immer noch dasselbe bekannte Gesicht aus dem Spiegel an. Es war, als hätte ich etwas wiederentdeckt, das ich für immer verloren geglaubt hatte.

In den Momenten, von denen ich befürchtet hatte, dass sie sehr einsam sein würden, fühlte ich mich überhaupt nicht einsam. Ich hatte diese kleine Gruppe aus Brüdern und Schwestern, die immer für mich da waren, die mich anriefen, mir E-Mails schrieben, mir Briefe schrieben, mich zum Frühstück einluden und mit mir bei unserem traurigen, kleinen Grillfest auf der Veranda saßen und mir die Wahrheit sagten, wie sie sie sahen. Diese Wahrheit war viel schöner als die Wahrheit, wie ich sie in jener Zeit sah.

Fastenzeit und Fernsehen

Ich bin nicht mit der Tradition aufgewachsen, die Fastenzeit zu halten, aber in den letzten Jahren habe ich angefangen, die Fastenzeit zu feiern. Ein Aspekt der Fastenzeit ist die Entscheidung, etwas aufzugeben, eine Gewohnheit oder Lebensweise, um dadurch Raum zu schaffen und Gott die Möglichkeit zu geben, in unserem Leben zu wirken. Aaron und ich verzichteten in der sechswöchigen Fastenzeit auf Fernsehen und Videos. Wir wussten, dass uns das guttun würde, denn wir stellten fest, dass wir uns irgendwie von nachdenklichen, kreativen, neugierigen Menschen in zwei Leute verwandelt hatten, die stundenlang auf der Couch liegen und eine Sendung nach der anderen anschauen können. So waren wir nun einmal. Wir wussten, dass uns dieser Entzug guttun würde, aber wie bei den meisten Dingen, die gut für uns sind, würde es sicher auch sehr schmerzhaft werden.

Zu meinem großen Pech kündigte ich mitten in der Fastenzeit meine Arbeit, und die ganze Angst und Traurigkeit und die Sorgen und der Kummer schlugen in der ungewohnten Stille in unserem fernsehfreien Wohnzimmer mit voller Wucht zu. Noch schlimmer wurde die Sache dadurch, dass ich schwanger war, was unter anderem bedeutete, dass Trinken tabu war. Ich bin keine starke Trinkerin, aber verzweifelte Situationen erfordern verzweifelte Maßnahmen. Wenn ich nicht schwanger gewesen wäre, hätte es leicht passieren können, dass ich den Schmerz mit Rotwein und einem Marathon vor dem Fernseher mit den neuesten Sendungen über Hollywoods Stars betäubt hätte. Aber keine dieser Möglichkeiten kam in Frage. Also trank ich Mineralwasser und weinte in der Stille unseres Hauses, die fast greifbar war.

In manchen Momenten fand ich das sehr grausam: Warum passierte mir das, wenn ich nichts hatte, womit ich mich schützen konnte? Nichts, womit ich mich ablenken konnte? Nichts, das mich wenigstens für fünf Sekunden aus diesem Loch herausziehen könnte?

Ich konnte nachts nicht einmal Schlaftabletten nehmen, wenn ich wach im Bett lag und dasselbe Gespräch, das ich in Wirklichkeit nie führen würde, im Geiste stundenlang immer und immer wieder durchging. Keiner meiner Tricks funktionierte. Ich war hilflos und fühlte mich ungeschützt. Ich fühlte mich, als stünde ich mit nackten Armen und Beinen in einem Wintersturm, ohne etwas zu haben, das mich wärmen oder schützen konnte. Manchmal kam ich mir vor, als hätte ich keine Haut, und alles drang bis zu meinen Knochen und meinen Adern durch.

Es war sehr schmerzhaft und es ließ nie nach. Obwohl ich weder vorher noch nachher je solche Gedanken hatte, stellte ich fest, dass ich, wenn ich wirklich ehrlich bin, etwas Selbstzerstörerisches tun wollte. Ich wollte etwas kaputt schlagen. Ich wollte den Schmerz töten. Ich wollte körperlich ausleben, was in mir brodelte. Aber das Wunderbare an einer Schwangerschaft ist, dass dieses kleine Baby mich vor mir selbst schützte. Ich konnte mich nicht überwinden, auch nur daran zu denken, etwas zu tun, das dem Baby schaden könnte. Also blieb mir nichts anderes übrig, als alles zu tun, was für mich selbst gesund war. Ich wollte mich aushungern, zehn Martinis trinken, Tag und Nacht Schlaftabletten nehmen, eine Zigarette nach der anderen rauchen – etwas, das zerstörerisch und unüberlegt wäre, etwas, das zu dem passte, was in meinem Kopf ablief, etwas, das den Schmerz in meinem gebrochenen Herzen ein wenig lindern würde. Aber stattdessen schob ich meinen schwangeren Bauch vor mir her, schluckte Vitamine, aß Eier und Käse und trank Johannisbeersaft. Dank der Fastenzeit und der Schwangerschaft quälte ich mich mit klarem Kopf, hellwach, ohne Medikamente durch diese Zeit.

Ich hatte am Anfang der Fastenzeit gedacht, dass ich in dieser Zeit Raum und Stille bräuchte, um Platz für Gottes Stimme und seine Gegenwart in meinem Leben zu schaffen. Es geschah aber noch viel mehr. Gott zog in mein stilles Haus und in mein gebrochenes Herz und in diese vierzig Tage wie Hefe in einen Brotteig ein und veränderte vieles. Wenn ich gewusst hätte, dass mein Leben so tief aufgeschlitzt würde, hätte ich mich nie für die Stille entschieden, zu der ich mich verpflichtet hatte. Aber das ist vermutlich der Zauber der Fastenzeit, dass man sich für etwas verpflichtet und hofft, dass Gott vielleicht etwas Neues in unser Leben bringt. Wenn er das dann tatsächlich tut, geschieht es nie so, wie wir erwartet haben, und es ist nie leicht, aber immer genau das Richtige. Was für ein Geschenk, was für eine Gnade diese stille Zeit doch ist!

Die Fastenzeit ist jetzt vorbei, aber unser Haus ist immer noch ruhig. In der Fastenzeit hatten wir gedacht, sobald diese sechs Wochen vorbei wären, würde der Fernseher wieder von morgens bis abends laufen, aber gleichzeitig wussten wir, dass eine Rückkehr zu unseren früheren Gewohnheiten die Fastenzeit verraten oder entehren würde. Also haben wir einen kleinen Plan erstellt, der Süchtigen wie uns helfen soll. Wir schalten den Fernseher manchmal ein, halten uns aber an diesen Plan, und die meiste Zeit herrscht im Haus immer noch diese beängstigende, schreckliche Stille. Hin und wieder erlebe ich sogar Momente, in denen die Stille mir Gesellschaft leistet und mich tröstet. Wir sind dabei, Frieden miteinander zu schließen, die Stille und ich.

Eine Beerdigung und eine Hochzeit

Für die Familie Spencer

An einem Dienstagmorgen im Mai rief mich mein Bruder an. Ich verpasste seinen Anruf, aber dass er so früh angerufen hatte, sagte mir, dass etwas passiert sein musste. Also rief ich ihn zurück und versuchte es so oft, bis er sich endlich meldete. Als ich ihn erreichte, befand ich mich gerade an der Ecke der Madison Street und der 28. Straße, neben der BP-Tankstelle. Die aufgehende Sonne blendete mich, während ich darauf wartete, nach rechts abbiegen zu können.

Unser Freund Clark hatte in der Nacht einen tödlichen Unfall gehabt. Ich war auf dem Weg zur Gemeinde, aber ich fuhr daran vorbei, nach South Haven, wo Clark wohnte, wo meine Mutter war, wo Todd, mein Bruder, uns treffen wollte. Wir saßen schweigend im Haus unserer Freundin Jodi, warteten auf Todd und tranken Kaffee. Als er vorfuhr und aus dem Auto stieg, drückte er mich so fest und so lange, dass ich schon Angst hatte, er würde mich zu Boden werfen und ich würde unter der Last seiner Trauer zusammenbrechen. In den nächsten Tagen erzählten wir Geschichten von früher und weinten viel.

Die ganze Stadt trauerte, weil Clark ein besonderer Mensch gewesen war, der vierte von fünf Söhnen in einer besonderen Familie. In dieser Woche fuhren wir abends immer zu seiner Familie. Zwei von Clarks Freunden spielten Gitarre und sangen Lieder, wir anderen hörten zu, sangen mit und lehnten uns aneinander, und wenn alle paar Minuten Stille einkehrte, murmelte jemand: »Das würde Clark gefallen.« Es hätte ihm wirklich gefallen. Eines der Lieder, die sie sangen, war »Volcano« von Damien Rice. Wenn ich dieses Lied im Autoradio höre, fange ich an zu weinen und denke an Clark.

Er war einundzwanzig. Er strich mit meinem Bruder die Wände in unserem Esszimmer türkis, als wir nach Grand Rapids zogen. Manchmal setzte er sich beim Sonntagabendgottesdienst in der Kirche zu mir und half mir danach, das Abendessen vorzubereiten. Letztes Jahr zu Weihnachten hatte meine Mutter einen schlimmen Verkehrsunfall. Niemand von uns konnte zu ihr kommen, aber Clark war da. Er holte sie ab und sorgte dafür, dass sie sicher nach Hause kam. Wir nannten ihn den Schutzengel meiner Mutter. Es ist für uns doppelt grausam, dass er da war und ihr half, als sie den Unfall hatte, aber dass ihm bei seinem Unfall niemand helfen konnte.

An dem Tag, an dem er aufgebahrt wurde, befand sich buchstäblich jede Blume in der Stadt in diesem Raum. In den Blumenläden gab es keine Blumen mehr. Es war irgendwie passend, dass jede zerbrechliche, schöne, blühende Blume in der Stadt dort sein wollte, wo Clark war.

Clarks Beerdigung fand an einem Freitag statt, an einem kühlen Freitag mit blauem Himmel. Direkt nach der Beerdigung flog ich nach Chicago, weil eine meiner ältesten und liebsten Freundinnen heiratete und mich gebeten hatte, die Zeremonie durchzuführen. Ich musste direkt nach Clarks Beerdigung aufbrechen, um pünktlich zu ihrer Generalprobe und dem anschließenden Essen da zu sein. Als ich in einem kleinen Flugzeug über den See flog und abgesehen vom Piloten ganz allein war, fühlte ich mich zerbrechlich und leer. Dort oben in der Luft wurde mir der Zusammenhang zwischen diesen zwei Geschehnissen, die sich gegenseitig beleuchten, deutlich bewusst.

Clark war von seinen Eltern und seinen vier Brüdern, die seine Haare gestreichelt und seine leblosen Finger berührt hatten, sehr geliebt worden. In der kleinen Kirche drängten sich sieben- bis achthundert Menschen in einen Raum, der für ungefähr hundertfünfzig Personen ausgelegt war. Mein Bruder hatte Clark sehr gern, und ihre Freundschaft gehörte zu den engsten Beziehungen, die Todd je gehabt hatte. Clark sollte in Todds neues Haus ziehen und hatte am Tag vor dem Unfall gerade sein eigenes Haus verkauft.

Während ich über den See flog, um mich mit Brannon, Chris und ihren Familien zur Hochzeitsprobe und zum Essen zu treffen, hatte ich das Gefühl, alles sei wichtig und habe einen Sinn. Ich wollte ihnen die Hand auf die Schultern legen und ihnen zuflüstern: »Es ist eine gute Sache, was ihr hier macht, dass ihr eine neue Familie gründet, dass ihr euch in Liebe miteinander verbindet und versprecht, miteinander durchs Leben zu gehen. Denn ich habe in dieser Woche etwas gesehen, das ihr hoffentlich nie erleben müsst, aber falls doch, bete ich dafür, dass Gott euch mit einer Familie wie Clarks Familie segnet. Dass Gott euch Brüder schenkt, die bei euch sind, oder die Hand einer Ehefrau, die euch festhält, oder eine Schwester, die mit euch weint, denn solche Zeiten überleben wir nicht allein. Wir können den Tod nicht aufhalten, aber wenn er kommt, können wir ihn zusammen ertragen und das Leben feiern, die Familie feiern und feiern, dass wir so leidenschaftlich und intensiv geliebt haben.«

Als ich auf der Pferderanch, auf der Brannon ihr ganzes Leben geritten war, bei der Trauungszeremonie vor Chris und Brannon stand, schaute ich ihre vier Schwestern, ihre besten Freunde und die Eltern der beiden an und lud sie alle ein, diese neue Familie zu feiern, weil eine neue Familie die Welt besser macht. Sie bringt Menschen zusammen, schafft neue Beziehungen, schafft Bande, die jeder von uns täglich braucht und die an dem Tag, an dem der Tod an unsere Tür klopft, lebensnotwendig sind.

Brannon war eine unbeschreiblich schöne Braut, und Chris war ein eindrucksvoller Bräutigam. Das Licht fiel perfekt durch die Bäume und beschien die beiden. Es war für mich eine große Ehre, die beiden zu trauen. Es war ein hoffnungsvoller, zarter Moment nach einer Woche voller Verzweiflung.

Als sie an jenem Abend tanzten und so viel Glück und Liebe ausstrahlten, saß ich mit meinem Bruder am Rand der Tanzfläche. Wir dachten beide an Clark und daran, wen Clark wohl geheiratet hätte, und wie Todds Hochzeit werden wird, ohne dass Clark als sein bester Freund neben ihm stehen wird. Dieser Augenblick war so traurig und gleichzeitig so schön, so voll Freude für diese neue Familie, dieses neue Symbol für das Leben mit seinen ganzen Möglichkeiten, und so voll Schwermut vor Trauer um den Freund, den wir verloren hatten. Dieser Moment war für mich wie ein seltenes Geschenk, als säße alles, was Leben, Liebe und Familie ausmacht, wie ein winziger Vogel in meiner Hand.

Mütter und Söhne

Meine Mutter und ich verbrachten in diesem Sommer eine Woche in Chicago und nahmen an einem Seminar teil. Es war heiß und windig, und das Seminar dauerte lang. Ich war schwanger, und wir waren beide müde. Jeden Tag, wenn der Kurs zu Ende war, gingen wir direkt ins Hotel zurück, legten uns auf unsere Betten und rangen mit uns, ob wir am nächsten Tag wieder hingehen sollten oder nicht. Es kostete uns unsere ganze Energie, uns zu entscheiden, was wir essen wollten und in ein Restaurant zu gehen. An mehreren Abenden beschlossen wir deshalb, uns etwas bringen zu lassen und auf unseren Betten japanische Nudeln und Fladenbrot zu essen.

Am Dienstagmorgen in jener Woche, als wir in einem Restaurant in der Nähe unseres Hotels Pfannkuchen aßen, rief mein Vater aus South Haven an, um uns zu sagen, dass mein Bruder einen schlimmen Verkehrsunfall gehabt hatte. Ich sah das Gesicht meiner Mutter, aber ich konnte die Worte meines Vaters nicht hören. Als ich sie fragen hörte: »Wie schlimm steht es um ihn?«, wurde mir übel, als wäre das Licht im Restaurant plötzlich zu grell und zu heiß oder als hätte ich im Glauben, es wäre ein Pfannkuchen, ein großes Stück von meinem Teller abgebissen. Ich wollte den Mann anschreien, der neben uns laut schimpfend das Fenster reparierte. Meine Mutter informierte mich kurz, dass es ihm gut gehe. Sie hörte aufmerksam und nickend zu, was mein Vater am anderen Ende der Leitung sagte. Ich wollte, dass der Fenstermann das Fenster endlich zumachen würde, damit ich mich besser konzentrieren konnte. Todd rief ein paar Minuten später an, um uns zu versichern, dass es ihm gut gehe. Wir waren dankbar und froh und hatten ein wenig das Gefühl, die Sache sei gar nicht real, weil er am Telefon so gesund klang.

Als wir nach unserem Seminar im Hotel zurück waren, telefonierten wir noch einmal mit meinem Vater. Er schilderte uns ein wenig genauer, wie schlimm der Unfall tatsächlich gewesen war und wie viel anders die Sache ausgegangen wäre, wenn die Autos eine Sekunde früher oder später auf die Kreuzung gefahren wären. Allmählich begriffen wir, dass mein Bruder an diesem Morgen hätte sterben können. Dass er unbeschadet davongekommen war, war nichts anderes als ein Wunder. Wir bemühten uns, nicht an Clarks Unfall in derselben Stadt an einem Frühsommermorgen genau wie heute zu denken. Meine Mutter und ich saßen in unserem Hotelzimmer auf unseren Betten, weit weg von meinem Vater, von Todd und von Aaron. Es war Dienstagabend. Am Donnerstag würde Todd siebenundzwanzig werden.

Auf einmal begann meine Mutter zu weinen. Sie weinte um ihren Sohn; darum, was hätte passieren können, und weil sie nicht bei ihm gewesen war. Sie setzte sich neben mich aufs Bett, und wir legten beide die Hände auf meinen Bauch, auf meinen Sohn, während sie unter Tränen mit ihm sprach.

Sie sagte: »Pass gut auf dich auf, Henry. Sei vorsichtig. Wir lieben dich so sehr. Wir lieben dich.« So saßen wir lange da. Sie dachte an ihren großen, erwachsenen Sohn, und ich dachte an meinen winzigen Sohn, der in meinem Bauch Purzelbäume schlug. In diesem Moment begriff ich, wie beängstigend es ist, Kinder zu haben, dass eines Tages, ein paar Tage vor Henrys siebenundzwanzigstem Geburtstag, jemand früh am Morgen eine rote Ampel überfahren und ich nichts dagegen tun könnte. Bei diesem Gedanken stockte mir der Atem.

Im Kopf weiß ich, dass Eltern in erster Linie die Aufgabe haben, ihren Kindern die Fähigkeiten beizubringen, ohne sie zu leben. Ich weiß, dass Henry mich zum Wahnsinn treiben wird und wahrscheinlich mit Mädchen ausgehen wird, die zu viel Make-up tragen, oder dass er trotz aller Erziehungsversuche schlechte Tischmanieren haben oder gefährliche Sportarten treiben wird. Ich weiß, dass er mir immer wieder das Herz brechen wird, wenn er größer und immer unabhängiger von mir wird. Aber ich weiß auch, dass er immer unabhängiger von mir werden muss.

An jenem Abend, auf jenem Hotelbett, als ich mich so weit von meinem Bruder, dem Sohn meiner Mutter, entfernt fühlte, während ich mit ihr zusammensaß und wir unsere Hände auf meinen winzigen

Sohn in meinem Bauch legten, spürte ich die ersten schmerzlichen Ansätze dessen, was es bedeutet, Mutter zu sein. In jenem Moment spürte ich, dass ich nicht wollte, dass irgendetwas auf der Welt meinen Sohn verletzen würde, dass ich in meiner Liebe zu ihm übermenschlich sein wollte, dass ich, wenn er mich brauchen würde, mit der Kraft meiner Liebe fliegen oder Stahl verbiegen oder die Zeit anhalten wollte. Gleichzeitig wusste ich, dass es allen Müttern so geht und dass alle Mütter auch das genaue Gegenteil erfahren, die beängstigende Erkenntnis, dass Menschen rote Ampeln überfahren und dass wir nicht da sein und uns vor dem Auto unseres Sohnes aufbauen und ihn mit unserer übermenschlichen Kraft vor Gefahren abschirmen können.

Ich fühlte mich gleichzeitig stark und machtlos, voll überfließender Liebe, aber gleichzeitig klein, schwach und voll Angst wegen der ganzen Situationen in seinem Leben, die mein Sohn ohne meinen Schutz überstehen muss. Mutter zu sein ist für mich wie eine Liebe, die so groß ist, dass ich sie kaum zügeln kann, so mächtig, dass sie unaufhaltsam aus mir herausbricht.

Ich weiß, wenn Henry geboren ist, werde ich seine Windeln wechseln, ihn füttern und dafür sorgen, dass er es sauber und warm hat. Das sind die äußeren Dinge, die ich für ihn tun kann. Aber ich würde gern noch viel mehr für ihn tun. Ich will die Welt um diesen kleinen Jungen herum neu machen, sie verbessern und neu arrangieren und sie für ihn zu etwas Wunderbarem und Besonderem machen. Ich will vor ihm hergehen, dafür sorgen, dass ihm nichts passiert, und hinter ihm hergehen und ihn nicht aus den Augen lassen. Ich will, dass jeder Tag seines Lebens glücklich wird, und ich habe das Gefühl, mit der Intensität meiner Liebe sogar den Lauf der Sonne ändern zu können. Ich wusste, dass ein Baby verwundbar sein und meinen Schutz brauchen würde, körperlich und auch sonst. Aber wenn ich meine Mutter beobachte, weiß ich jetzt, dass es keine Rolle spielt, wie groß ein Sohn wird. Eine Mutter hat immer das Gefühl, so unlogisch es auch sein mag, dass sie bei ihm hätte sein sollen, um ihn vor allem zu beschützen, was ihm wehtun oder schaden könnte.

Meine Mutter wiegt fünfzig Kilo, und mein Bruder ist ein erwachsener Mann, einen Meter fünfundachtzig groß und kräftig. Aber an jenem Abend erlebte ich, wie groß ihre Liebe zu ihm ist, größer als der Ozean, jenseits aller Worte, Logik und Vernunft. Dieselbe Liebe empfinde ich für meinen Sohn. Genauso wie man krank werden, sich verlieben oder die Treppe hinunterfallen kann, ist sie unausweichlich da und unermesslich groß.

Einfach großartig

Letzte Woche erlitt Opa Niequist, der Großvater meines Mannes, einen Herzinfarkt. Als Aaron von seiner Mutter am Telefon erfuhr, wie schlecht es um seinen Großvater stand, kam er zu mir ins Café, wo ich an meinem Buch schrieb. Wir bestellten uns einen Tee, setzten uns an einen Ecktisch und weinten. Ich habe ihn in unserem gemeinsamen Leben höchstens zehnmal weinen gesehen. Wir saßen an diesem grauen, kalten Tag zusammen, sprachen über Opa und weinten. Aarons Augen werden sehr grün, wenn er weint. Wir saßen im Café und warteten auf einen Anruf, warteten auf Neuigkeiten.

Ich hatte an jenem Tag einen Arzttermin. Henrys Herz schlug kräftig und schnell. Der Gegensatz zwischen Leben und Tod, dass Opas Körper dem Tod nahe war und dass Henrys Körper sich in mir bewegte und vor Leben strotzte, machte mein Herz schwer, dankbar und traurig.

Zu diesen zwei Extremen kam hinzu, dass mein Vater zu Untersuchungen im Krankenhaus war. Er ist fünfundfünfzig und im Allgemeinen sehr gesund, leidet aber seit zwei Monaten an einer sonderbaren Reihe von Krankheiten. Jetzt werden mehrere CTs und mehrere Blutuntersuchungen durchgeführt. Die Ergebnisse sollen diese Woche kommen.

Ich versuchte zu arbeiten, konnte aber nicht. Ich fühlte mich weit entfernt von den wichtigen Männern in meinem Leben, weit weg von Opa in seinem Krankenhausbett, von meinem Vater, der auf seine Untersuchungsergebnisse wartet, von Aaron, der bei der Arbeit ist und so tut, als hätte er nicht geweint, und von Henry, der natürlich ganz nah bei mir ist, aber dessen Gesicht ich nicht sehen kann, dessen Tränen ich nicht wegwischen kann. Ich fühlte mich machtlos gegenüber dem Körper, der Zeit, der Medizin, und ich wünschte, dass ich mit meiner Liebe alles ändern könnte. Ich wünschte, ich könnte an zehn Orten gleichzeitig sein und könnte damit etwas ändern. Die Angst und Unsicherheit schmerzten, als würde ein Messer in meinem Magen herumgedreht. In diesem

Moment empfand ich die Welt als so zerbrechlich und das Leben als so gefährlich und riskant. Das war mehr, als ich für mich behalten konnte. Ich setzte mich an meinen Schreibtisch und hatte die Finger auf der Tastatur, aber mein Verstand arbeitete zu schnell, um einen klaren Gedanken fassen zu können. Ich hatte das Gefühl, vor meinen Augen zerbräche alles und löse sich in Staub auf, als geriete die Erde außer Kontrolle. Ich starrte den leeren Bildschirm an.

Aarons Mutter rief einige Tage später wieder an, um uns mitzuteilen, dass Opa gestorben war. Er starb im Kreis seiner Familie, die ihm Geschichten erzählte und Lieder vorsang. Zwei Monate später hätte er seinen achtzigsten Geburtstag gefeiert.

Was mich noch trauriger macht, ist, dass er unseren Sohn nicht kennenlernen wird, der im nächsten Monat geboren wird. Henry wäre Opas erster Urenkel gewesen. Darauf hatte er sich so sehr gefreut. Wenn wir mit ihm über das Baby sprachen, schüttelte er immer stolz den Kopf und sagte: »Eine weitere Generation von Niequists.« Wir freuten uns auf ein Bild von Opa, Dan, Aaron und Henry. Vier Generationen Niequists. Es ist so traurig, dass wir so nahe davor standen und doch wissen, dass dieses Bild nie fotografiert, nie gerahmt und ins Wohnzimmer gestellt oder in ein Album geklebt wird.

Als ich Opa das erste Mal traf, nahm er Aaron und mich mit zum Angeln zu den Florida Keys. Wir brachen früh am Morgen mit belegten Broten, die Opa für uns gepackt hatte, auf. Opa nahm uns mit zu seinem besten Angelplatz hinaus, in der Nähe der Brücke, die zur nächsten Insel hinüberführt. Stundenlang warfen wir unsere Angeln immer wieder in das funkelnde Wasser aus. Opa nahm für mich die Fische vom Haken, aber ich musste selbst in den Eimer fassen, um eine lebende Garnele als Köder herauszuholen, auch wenn ich dazu jedes Mal mehrere Versuche brauchte und obwohl ich jedes Mal aufschrie, wenn ich meine Hand zwischen diese sich windenden, glitschigen Garnelen steckte. Er freute sich, dass ich mich mit Bootfahren auskenne, dass ich einen anständigen Knoten binden und Steuerbord von Backbord unterscheiden kann. Am Ende des Tages sagte er zu Aaron, dass ich seiner Meinung nach einfach großartig sei.

Als wir den Anruf mit der traurigen Nachricht von seinem Tod bekamen, fuhren wir übers Wochenende nach Chicago und verbrachten viele Stunden mit Erzählungen über Opa, über sein Leben und darüber, wie es war, ein Teil seiner Familie zu sein. Gestern bei der Beerdigung sprach der Pastor am Ende der Abschiedsrede, in der er die Geschichte eines erfüllten Lebens erzählte, von Opas Liebe zu seiner Familie. Seine Söhne erzählten Geschichten von Angelausflügen, von Familienurlauben und Erinnerungen an das Haus, das er für seine junge Familie gebaut und in dem er bis zu seinem Tod gelebt hatte.

An dem Tag, an dem er den Herzinfarkt erlitt, schnitt Opa mit der Motorsäge die Bäume zurück. Mein Schwiegervater hatte immer gesagt, dass Opa in seinen Stiefeln sterben würde. Ich weiß, dass er das bildlich gemeint hatte, aber es war im buchstäblichen Sinn so gekommen. Opa verbrachte seine letzten wachen Momente damit, im Garten in der Nähe des Weihers zu arbeiten, in dem er seinen Kindern und Enkelkindern das Schwimmen beigebracht hatte.

Jeder von uns, der ihn gut kannte, kann viele Geschichten davon erzählen, wie er uns geliebt hat und uns das Gefühl gab, wichtig zu sein. Wir fielen uns am Tag seiner Beerdigung fast gegenseitig ins Wort und wollten alle Geschichten aus unserem gemeinsamen Leben, unserem Leben mit Opa erzählen. Sein Leben hatte eine epische Dimension; eine nostalgische, verzauberte Dimension; es war eine Geschichte von Familie, Musik und Sonntagen im Garten und am Wasser mit den Enkelkindern. Wenn man seine Kinder und Enkel nach ihm fragt, erzählen sie von den Dingen, die er ihnen beigebracht hat: dass die Familie vor der Arbeit kommt, dass Arbeit wichtig ist, dass der Glaube das Wichtigste ist. Sie sagen nicht, dass er perfekt war, aber sie sagen, dass sie seinetwegen, wegen seiner Rolle in ihrem Leben, bessere Menschen wurden, bessere Väter und Mütter, bessere Ehemänner und Ehefrauen, bessere Ärzte und Geschäftsleute, bessere Gemeindemitglieder und bessere Nachfolger Jesu.

Wir waren nach der Trauerfeier traurig und müde, aber auch stolz – stolz, dass wir seine Kinder und Enkelkinder sein durften, stolz, dass wir an seiner außergewöhnlichen Geschichte teilhaben durften.

In diesem Sinne: Auf Wiedersehen, Opa Niequist. Du bist einfach großartig.

Cents

Ich sammle Sektflöten, weil ich gern feiere, und ich sammle Cents. Ich fing damit als Studentin an, ungefähr zu der Zeit, in der diese kleinen Münzen in Amerika immer weniger benutzt wurden. Das störte mich wahrscheinlich. Also sammle ich jetzt Ein-Cent-Münzen. Wie bei allem, was man sucht, oder bei allem, was man sammelt, sehe ich umso mehr Münzen, je mehr ich darauf achte.

Es ist so ähnlich, wie wenn man verlobt ist, oder noch schlimmer, wie wenn man kurz davor steht, sich zu verloben, und plötzlich einen genauso ausgeprägten Blick für Diamanten hat wie ein Juwelendieb. Man geht durch ein Restaurant und wenn man an seinem Tisch ankommt, sagt man: »Schatz, auf dem Weg hierher habe ich einen Diamanten im Smaragdschliff gesehen, ungefähr drei Karat, einen Prinzess-Diamanten, einen Cushion Cut, und der Ring unserer Serviererin ist aus Platin, nicht Weißgold.« Der künftige Verlobte fragt unschuldig: »Hmmm. Was willst du mir damit sagen?«

Ich sah plötzlich überall Cents – in Schubladen, unter Sofakissen, in den klebrigen Mittelkonsolen von Autos – hier liegen immer welche, zusammen mit Haarnadeln und Parkscheinen, aber auch in Geldbörsen, die man nicht jeden Tag benutzt. Man findet sie, wenn man eine bestimmte Börse für eine besondere Gelegenheit braucht. Dann legt man die Cents an einen anderen Platz. Sie sammeln sich, fast einem Naturgesetz folgend, auf Fenstersimsen, in Jackentaschen und auf Küchenplatten.

Bevor ich anfing, Cents zu sammeln, hatte ich sie genauso wie Kaugummipapier und benutzte Tempotaschentücher weggeworfen. Niemand in den USA nimmt sie heute noch an. Ich höre immer wieder, dass sie bald aus dem Umlauf genommen werden. Bankangestellte schauen mich böse an, wenn ich versuche, ihnen mehrere hundert Cents zu geben, und sie bitte, sie mir zu wechseln. Der Mann im mexikanischen Restaurant, in dem ich esse, will sie nicht. Ich erlebe jedes Mal das Gleiche. Es kostet immer 6,04 Dollar. Sechs Dollar und vier Cent. Ich gebe ihm sechs oder zehn oder zwanzig Dollar und krame dann in meinen Taschen nach den Ein-Cent-Münzen, aber er schüttelt den Kopf. Keine Cents, nein.

Ich fuhr einmal durch eine Mautstelle und bezahlte die ganzen fünfunddreißig Cent in kleinen Münzen. Meine Freundin und ich kicherten, als ich sie nacheinander in den Automaten warf (pling-pling-pling), und die Autos hinter mir hupten. Als ich als Schülerin in einem kleinen Surfladen arbeitete, wurde am Ende des Tages die Kasse auf den Cent genau abgerechnet. So etwas macht heute niemand mehr.

Mit einem Mal fand ich den Verlust dieser Cents tragisch. Also fing ich an, sie zu sammeln. In einer hellblauen Schale, die meine Kusine Georgia mir einmal zu Weihnachten geschenkt hat. Ich sortiere sie aus den Silbermünzen in meiner Tasche heraus und lege sie an ihren neuen Platz in die glatte, blaue Schale. Ich weiß nicht, was ich mit ihnen machen werde, aber es liegt etwas Befriedigendes darin zuzuschauen, wie sie immer mehr werden, eine kleine Armee von Kupfermünzen. Wenn es für diese Münzen einen Platz gibt, muss es für alles einen Platz geben. Diese Vorstellung tröstet mich. Ich finde es unglaublich reif von mir, das zu tun, genauso wie wenn man Geschirrtücher, Briefmarken und Ersatzglühbirnen am richtigen Ort aufbewahrt. Ich habe das Gefühl, wenn diese wertlosen, kleinen Münzen einen Platz haben, dann haben sie auch eine Bedeutung. Und wenn *ich* einen Platz habe, dann habe auch *ich* eine Bedeutung.

In einer Welt, in der immer weniger tatsächlich existiert, in der man Geld ausgeben kann, ohne wirklich Geld in der Hand zu haben, in der man sich in einem Raum unterhalten kann, ohne tatsächlich in einem Raum zu sein oder tatsächlich zu sprechen, sind diese glatten Kupfercents etwas Handfestes und Echtes.

Ich häufe jetzt also Centmünzen an. Vielleicht lasse ich sie eines Tages einschmelzen und einen Pokal daraus machen. Vielleicht lasse ich sie in meine Badezimmerfliesen eingießen. Vielleicht klebe ich sie mit Klarlack in sauberen Reihen an meine Küchenschränke oder mache Schmuck daraus. Ich weiß es noch nicht. Aber wenn ich an der blauen Schale in der Küche vorbeigehe, ertappe ich mich dabei, dass ich geistesabwesend mit den Fingern durch die Münzen streiche und für einen Moment sicher weiß, dass es Dinge gibt, die real und begreifbar und deshalb gut sind; Dinge, die ich festhalten kann, wenn meine Hände sich leer anfühlen.

Meine Freundin geht regelmäßig zu einer Seelsorgerin. Auf meine Frage, was sie dort mache, erklärte sie mir, dass Schwester Carmen sie hauptsächlich auffordere, über ihr Leben zu sprechen, und sie auf die Gegenwart und das Handeln und die Gnade Gottes in Situationen hinweise, in denen meiner Freundin gar nicht aufgefallen sei, dass Gott da war. Gott war die ganze Zeit schon da. Wir müssen nur lernen, ihn zu sehen.

Das Leben jedes Menschen ist von Gottes Fürsorge, seiner Gnade, seinem Schutz durchdrungen, aber an einem durchschnittlichen Tag achten wir genauso wenig darauf, wie wir die Schwerkraft oder das Ozonloch beachten. Ich versuche zu lernen, die Welt mit den Augen zu sehen, mit denen Schwester Carmen sie sieht. Denn wenn man erst einmal anfängt, die Treue und die Hoffnung zu sehen, sieht man sie überall, wie Centmünzen. Nach und nach erkennt man dann, dass das ganze Leben von leuchtenden Kupfermünzen übersät ist, dass das ganze Leben von vielen Geschichten durchzogen ist, die Gottes Güte widerspiegeln.

Wenn ich mit dem, was ich jetzt weiß, zurückblicke, ist es, als wäre ich auf einem leuchtenden Kupferweg gegangen, ohne ihn zu bemerken. Die Centmünzen, die ich in meiner schwitzenden Hand umklammere, geben mir den Glauben und die Kraft weiterzugehen. Ich schöpfe Hoffnung aus der Zuversicht, dass Gott immer treu sein wird, weil er in meinem Leben und im Leben der Menschen um mich herum schon immer treu war. Ich brauche diese Erinnerungen. Ich brauche es zu hören, dass er in meinem Leben immer wieder treu war. Nur weil ich vergessen habe, ihn zu sehen, heißt das nicht, dass Gott nicht da wäre. Seine Güte ist da. Er hält seine Verheißungen. Ich muss nur die Augen aufmachen.

Wenn ich also am Rand stehe und einen ängstlichen Blick ins Ungewisse wage, wenn ich zittere und Angst davor habe, weiterzugehen, wenn ich mich fürchte, diesen nächsten Schritt zu gehen, dann mache ich mir klar, dass ein erfülltes Leben sich nicht von der Angst überwinden lässt. Ich weiß, dass Gottes Stimme mich genau an diese Stelle geführt hat, und ich nehme ein paar Cents in die Hand. Sie sind für mich eine heilige Erinnerung daran, dass Gott Gott ist, dass er mein Leben führt und dass er zu mir sagt, was er seinem Volk in der Geschichte immer wieder gesagt hat: Ich werde dich nie verlassen, und es gibt überall Dinge, die dich an diese Zusage erinnern wollen. Du musst nur die Augen aufmachen, um sie zu sehen.

Wenn mein Mann als Kind zu seinen Großeltern nach Milwaukee fuhr, nahm Opa die Kinder immer mit hinunter zum Bach und forderte sie auf, die Augen offen zu halten und zu schauen, ob sie etwas im Wasser funkeln sähen, weil man vielleicht Münzen finden könne. Sie schauten und schauten und schauten, und wissen Sie was? Jedes Mal fanden sie mehrere Münzen. Sie kamen nach Hause und zeigten sie Oma, die immer sehr überrascht war und sich mit ihnen freute.

Bei Opas Beerdigung erzählten alle Geschichten über Opa. Eine Cousine bemerkte, dass sie Jahre gebraucht habe, bis sie begriffen habe, dass Opa immer vor ihnen hergegangen war und die Münzen in den Bach geworfen hatte.

Mein Mann starrte sie überrascht an. Er hatte das bis zum Tag von Opas Beerdigung nicht gewusst. Wenn er zurückdenkt, sagt er, hätte er es sich eigentlich denken müssen, denn manchmal trieben sogar nagelneue Spielsachen und Baseballhandschuhe in diesem kleinen Bach, auf dessen Grund die leuchtenden Kupfermünzen lagen.

III

Versteckspiel

Der Grund, warum ich schreibe, hat zu neunzig Prozent damit zu tun, was das Schreiben in meinem eigenen Leben bewirkt, und nur zu zehn Prozent damit, was auf dem Papier dabei herauskommt. Vor drei Jahren lud mich ein Freund ein, mit ihm an einem gemeinsamen Projekt zu schreiben. Ich sagte zu, weil ich Literatur studiert habe und weil ich gern lese. Ich hatte gelegentlich ein Essay, Texte für verschiedene Videoprojekte und Lieder in der Gemeinde geschrieben. Also fing ich an zu tippen und war ziemlich sicher, dass es nicht sonderlich schwer werden würde.

Es wurde eine totale Katastrophe. Nicht weil das Schreiben schlimm gewesen wäre. Sondern weil es einfach kein Schreiben gab. Nichts. Ich wartete mit vielen Ausreden auf, von denen einige auch legitim waren. Ich fing in der Gemeinde gerade mit einer neuen Arbeit an. Arbeitsplätze in Gemeinden sind sehr anspruchsvoll und haben unregelmäßige Arbeitszeiten. Das stimmte natürlich alles. In mir regten sich die ganze Zeit leichte Angstzustände und Schuldgefühle. Diese Gefühle waren wie ein Surren im Hintergrund, aber statt nach der Ursache für dieses Surren zu suchen, ging ich meinem Freund, der mit mir an diesem Projekt arbeitete, einfach aus dem Weg und fand ständig neue Möglichkeiten, mich abzulenken. Der Sommer war keine gute Zeit zu schreiben, auch nicht der Urlaub, die Wochentage wegen der Arbeit oder die Wochenenden. Ich sagte Treffen mit meinem Freund ab, ließ Termine verstreichen, weinte, redete mich heraus, jammerte über mein Los im Leben, kam auf verrückte Ideen, zu denen gehörte, dass ich eigentlich nichts schreiben musste, und weinte weiter.

Für mich hat Schreiben mit Kontrolle zu tun. Besser gesagt, mit dem Verlust von Kontrolle. Vielleicht sind Sie Schriftstellerin und sehen das anders, weil für Sie das Schreiben eher Ähnlichkeit mit einem Spaziergang am Strand oder einer Massage hat. Dann sollten Sie und ich uns vielleicht nie auf eine Tasse Kaffee treffen. Für mich ist Schreiben so, als würde ich mich in der Öffentlichkeit nackt ausziehen. Es ist, als fiele ich auf den Grund eines Brunnens und fände dort unten viele kriechende, krabbelnde Tiere. Es ist, als würde ich eine Kiste mit Schlangen öffnen. Es ist verrückt, beängstigend und völlig außer Kontrolle. Es regt mich manchmal auf, weil es mich ehrlich macht. Wenn ich mich hinsetze, um zu schreiben, blättere ich erst einmal in Zeitschriften, verschicke E-Mails, wandere durchs Haus. Wenn ich dann endlich den Mut aufbringe, die Eisschicht in meinem Kopf zu durchbrechen, befinde ich mich in einem seltsamen Universum aus Gefühlen, von denen ich nicht wusste, dass ich sie überhaupt habe, und aus Erinnerungen, von denen ich nicht wusste, dass ich sie mit mir herumtrage. Wenn ich dann eine Weile geschrieben habe, werde ich irgendwie sensibel und sonderbar wie ein Schüler, der bei einer Theateraufführung mitspielt.

Ich habe einen Zustand, den mein Mann und ich »verrücktes Hirn« nennen. Es ist so, als wäre ich im Kopf statt im Körper hyperaktiv. Nebenbei bemerkt: Ich bin in meinem Körper absolut nicht hyperaktiv. Ich könnte zehn Jahre auf dem Sofa sitzen bleiben und mich nicht vom Fleck rühren, wenn mich jemand mit Essen und Büchern versorgen würde. Aber in meinem Kopf ist es, als hätte ich darin ein Hamsterrad, und es dreht sich so schnell, dass ich mir die Stirn reiben muss, damit sich die Dinge darin beruhigen. Es fängt normalerweise schon am frühen Morgen an, noch bevor der Wecker klingelt, mit irgendeiner Kleinigkeit wie der Frage, was ich zum Frühstück essen will. Dann denke ich darüber nach, dass ich in mein Lieblingscafé gehen und mir Rühreier, englische Muffintoasts, Tomatenscheiben, Frischkäse und Kaffee bestellen will. Dann denke ich darüber nach, dass wir nicht so viel auswärts essen sollten, weil wir einfach Unsummen für Dinge ausgeben, die ich zu Hause selbst kochen könnte. Dann denke ich über die ganzen anderen Dinge nach, für die wir unser Geld ausgeben, aber nicht ausgeben sollten, und ich bekomme Angst, dass unsere Kinder in einer armseligen Hütte leben werden, weil Mama und Papa ihr ganzes Einkommen für Eier und T-Shirts ausgegeben haben. Mit diesem ganzen Geld hätten wir lieber unser Haus renovieren oder wenigstens nach Europa fahren sollen, statt es dafür auszugeben, uns Essen bringen zu lassen. Dann denke ich daran, wie unsicher unser Haus für Babys ist, und an alles, was wir tun sollten, um es kindersicher zu machen. Dann denke ich darüber nach, dass wir umziehen sollten, aber das macht mir neue Angst, weil es so peinlich ist, potenzielle Käufer durchs Haus zu führen, und weil man es dann richtig sauber machen müsste. Aber wenn ich mein Haus so sauber halten soll, kann ich genauso gut auch eine Weile darin wohnen. Das wiederum lenkt meine Gedanken auf unsere Zukunft. Höre ich gut genug zu, wenn Gott uns zeigt, was wir aus unserem Leben machen sollen? Was ist, wenn ich meine strahlende Zukunft verpasse, weil ich vor dem Fernseher sitze? Was ist, wenn ich im Grunde gar keine gute Zukunft verdiene, weil ich mein Leben systematisch vergeude und weil Gott mich ein für alle Mal aufgegeben hat, weil ich mich im Leben so schlimm anstelle, mir nie alles auf meiner Einkaufsliste merken kann, weil ich meine Augenbrauen nicht oft genug zupfe, weil ich im Pyjama ins Café gehe und nicht wirklich etwas dazu beitrage, dass die Welt besser wird, weil mich das – ehrlich gesagt – bei all meinen Problemen sowieso niemand machen ließe?

Das ist das Hamsterrad. Aber wenn ich schreibe, lasse ich den Hamster aus dem Rad herauskommen und lasse ihn eine Weile laufen, wohin er will, und an allem schnuppern. Wenn ich schreibe, glaube ich dem gefährlichen Gedanken, dass alle Ideen vielleicht tatsächlich einen Platz haben, statt sich ständig nur im Kreis zu drehen. Schreiben gibt mir den Raum, alle Geistesblitze und tiefen Gedanken, die in meinem Kopf herumschwirren und mich verrückt machen, zu Papier zu bringen. Schreiben ist für mich der beste Weg zum Glück, und es ist das Riskanteste, was ich tun kann. Aber so ist das Leben. Das größte Risiko bringt oft die schönsten und besten Dinge hervor.

Eine der echten Gefahren beim Schreiben ist, dass man sich danach sehnt, tiefe, ehrliche Dinge zu schreiben, Lektionen, die man auf die harte Tour gelernt hat … und dann muss man diese Lektionen auf die harte Tour lernen. Ich hatte ein Kapitel über Eifersucht geschrieben. Nachdem ich es eine Weile auf mich wirken ließ, kam es mir irgendwie oberflächlich und unecht vor. Ich betete dafür, dass ich dieses Kapitel anders schreiben könnte, dass ich tiefer und ehrlicher darüber sprechen könnte, was es heißt, eifersüchtig zu sein. Kaum eine Woche später erfuhr ich bei einem Essen mit Freunden etwas über eine gemeinsame Freundin, das mich vor Eifersucht fast umbrachte. Es war der Tropfen, der das Fass zum Überlaufen brachte. Ich wurde von diesen tückischen, schrecklichen Eifersuchtsgefühlen attackiert. Das war das letzte Mal, dass ich für ein gutes Kapitel gebetet habe, außer vielleicht zum Thema, dass man großartig ist oder in der Lotterie gewinnt oder so etwas. Man betet um wunderbare, ehrliche, einfühlsame Geschichten, die man schreiben kann, aber dann muss man sie erst durchleben.

Das Schreiben lehrt mich immer wieder, dass Gott überall darauf wartet, von uns gefunden zu werden, in den dunkelsten Ecken unseres Lebens, in den Sackgassen und in den düstersten Situationen, aber auch in den einfachen, hellen, einzigartigen, strahlenden Momenten. Er versteckt sich wie ein Kind an ziemlich offensichtlichen und leicht zu findenden Stellen, weil er will, dass wir ihn finden. Das Wunder liegt darin, dass er überall da ist. Ich wusste, dass er in den schönen, strahlenden Momenten da ist, weil ich ihn dort schon seit Jahren gefunden hatte, in den Momenten, die Schönheit und Hoffnung vermitteln und die die Dunkelheit unserer Tage durchdringen.

Aber in letzter Zeit habe ich ihn nicht nur hinter der Dunkelheit gefunden, sondern mitten in der Dunkelheit, mitten in der Finsternis und Schwere dieser Tage. Ich habe in der Dunkelheit eine ungewohnte Schönheit entdeckt, die ich vorher nie gesehen hatte, eine langsamere, subtilere Schönheit, so ähnlich wie die Haut einer alter Frau, die aussagekräftiger und reicher ist als die eines jungen Mädchens oder die Erfahrung, dass ein Sturm in uns viel tiefere Gefühle wecken kann als ein sonniger Tag. Wenn ich schreibe, finde ich ein völlig neues Universum, das ich vorher nie gesehen habe, so als wäre ich zum ersten Mal unter Wasser und hätte nie zuvor gesehen, was es unter der glasklaren Oberfläche zu entdecken gibt.

Manchmal, wenn ich schreibe und mich wirklich sehr anstrenge, bewege ich mich langsamer, wie ein Tänzer oder ein Pantomimespieler. Ich schmecke alles intensiver und sehe nicht nur die Bäume und das Gras, sondern die einzelnen Blätter und Grashalme. Die Dinge sind heller und reicher, als ich dachte, wenn ich meine Geschwindigkeit so weit verlangsame, dass ich sie sehen kann. Ich erkenne, dass ich schon seit Jahren so leben wollte und gleichzeitig große Angst davor hatte, wie viel ich dafür aufgeben müsste. In gewisser Hinsicht habe ich alles aufgegeben, aber trotzdem fehlt mir nichts Wichtiges. Alles wurde verloren, und noch mehr wurde neu gefunden, wie Dinge, die aufs Meer hinausgespült und dann zusammen mit völlig neuen, glitzernden Schätzen wieder an denselben Strand zurückgespült werden.

Jedes Leben erzählt durch Worte, Taten, Entscheidungen, durch unser Zuhause, durch unsere Kinder, durch unsere Kleidung, unser Geschirr, unser Parfüm eine Geschichte. Jeder von uns spielt eine Rolle in einem großartigen Theaterstück, und jede Regieanweisung ist wichtig. Wir erzählen unsere Geschichten, und wir lassen zu, dass Gottes Geschichte durch unsere Geschichten erzählt wird. Wir verstecken uns, und wir suchen, wir verlieren uns im besten Sinne des Wortes und finden Dinge um uns herum und in uns, die wir nie erwartet hätten. Wir erzählen Gottes Geschichte, während wir leben und unsere eigene Geschichte entdecken. Wir wissen, dass Gott ein Geschichtenerzähler ist. Er ist ein genialer Wissenschaftler, Vater und Wunderheiler, und auf jeden Fall auch ein Geschichtenerzähler. Ich weiß nicht, ob es auf der Welt etwas Besseres geben kann, als wenn wir uns weit öffnen und seine Geschichte zu unserer Geschichte werden lassen, wenn wir unseren Mut zusammennehmen und anfangen, die wahrsten, besten Geschichten zu erzählen, die wir kennen, denn das sind immer Gottes Geschichten.

Kaputte Flaschen

Vor vier Jahren fuhr ich mit meiner Mutter, meinem Bruder und einem Freund, der Präsident einer Hilfsorganisation ist, nach Afrika. Wir fuhren nach Kenia, Uganda und Sambia. Diese Reise ging mir sehr nahe. Sie kostete mich viel Kraft, zerstörte meine Illusionen und verfolgte mich bis in meine Träume und Gedanken, wie es bei einem besonders aufrüttelnden Lied oder Film passieren kann. Afrika ist überaus aufrüttelnd. Es ist ein Kontinent mit einer so unvorstellbaren Schönheit, Würde, Weite und so großen Möglichkeiten, aber gleichzeitig ist es ein Kontinent mit unglaublich viel Leid, Verzweiflung, Krankheiten und Zerstörung. Es ist so lebendig und gleichzeitig so vom Tod gezeichnet, so mächtig in seinen eindrucksvollen Landschaften und so machtlos unter der Last von Hungersnöten, politischen Unruhen und Krankheiten. Seine Intensität machte mir Angst und überwältigte mich. Ich habe das Gefühl, als wäre ich viele Tage dort unterwegs gewesen, erstaunt, müde und unfähig, alles, was ich dort sah und hörte und – noch intensiver – was ich dort in mir fühlte, zu verdauen. Jetzt, vier Jahre später, bin ich immer noch dabei, das zusammenzusetzen, was damals in mir geschah und was in diesen Städten und Dörfern um mich herum geschah.

Ich war nicht bereit für Afrika. Ich war schon an vielen anderen Orten, aber ich war nicht bereit für das chaotische Durcheinander an Menschen, Häusern, Musik und schlammigen, kurvigen Wegen durch die Slumvorstädte Nairobis oder die Hütten im Busch Ugandas, winzige Hütten inmitten einer blendenden, ausgedörrten Weite, so weit das Auge reichte. Ich war nicht bereit für die Krankenhäuser in Sambia, wo ich weinte und mir immer wieder die Augen zuhielt, wo der Geruch des Todes in der Luft lag und das Weinen der Menschen, die unter grausamen Schmerzen litten, von den rostigen Betten mit schmutzigen, blutverschmierten Laken zu hören war.

In einem völlig verwirrenden Schauplatzwechsel flog ich von Sambia über Frankfurt zurück nach Chicago und weiter zu einem Familienurlaub in die Karibik. Ich wünschte, ich könnte sagen, ich wäre von dem glatten Deck und den strahlenden, weißen Segeln des Schiffes, auf dem wir wohnten, nicht angetan gewesen, ich hätte in dem herrlich warmen, marineblauen Wasser nicht schwimmen können, weil mich das Entsetzen über das, was ich gesehen hatte, so überwältigte. Zu meiner Schande muss ich bekennen, dass das nicht der Fall war. Zu meiner noch größeren Schande muss ich zugeben, dass ich sogar froh war, dort zu sein, froh, nicht länger in Afrika zu sein. Ich wollte, dass das warme Salzwasser und der warme Wind die Gerüche und Geräusche Afrikas von mir abwuschen.

Ich wollte fort, weg von dem, was ich gesehen und gefühlt hatte. Es war so schwer zu erklären und so schwer, an die Stellen in meinem Inneren zurückzukehren. Ich wusste nicht, wie ich meinem Mann oder meinen Freunden beschreiben sollte, dass Afrika in mir etwas Schlimmes angerichtet hatte, mir eine Seite von mir gezeigt hatte, von der ich nicht gewusst hatte, dass ich sie habe. Zum ersten Mal erlebte ich, dass meine Überzeugungen und meine Einstellung sich unter dem Gewicht meiner Erfahrungen beugten und platt gewalzt wurden. Bevor ich dorthin fuhr, wollte ich mich dafür einsetzen, Afrika zu heilen. Aber als ich dort war, wollte ich nur wieder weg. Diese Seite von mir beschämte und überraschte mich.

Ich wollte die Augen zukneifen, um die Bilder von hungernden Kindern nicht mehr sehen zu müssen. Ich wollte nachts schlafen, ohne den Rauchgeruch von den offenen Feuern zu riechen und die schweren Schritte der Wachen vor unseren Türen zu hören. Es kommt mir vor, als wollten alle, die ich kenne, nach Afrika, um ein paar Tage in einer AIDS-Klinik oder einem Waisenhaus mitzuarbeiten. Das ist gut so. Es ist ein guter Wunsch, die Situation mit eigenen Augen sehen und helfen zu wollen. Ich ermutige sie zu fahren und empfehle ihnen Organisationen und Gemeinden, die ihnen dabei helfen können, aber innerlich flüstere ich ihnen zu: *Sei vorsichtig.* Das, was du dort vorfindest, wird dir keine Ruhe lassen. Du wirst das, was du gesehen und gehört hast, nicht von dir abwaschen können. Du wirst dort vieles sehen und vieles hören, und du bist dann dafür verantwortlich; dafür, die

Wahrheit zu sagen, wer du bist und wer du, wie du feststellen wirst, nicht bist, und einen Weg zu finden, es in Ordnung zu bringen.

Ich musste auf zweierlei Weise etwas in Ordnung bringen: Ich musste persönlich etwas tun, um in Afrika etwas in Ordnung zu bringen, weil ich jetzt zu viel wusste und die Bilder und Geräusche, die wie Samen, der in einem Garten ausgesät wurde, in mir Wurzeln geschlagen hatten, nicht ausreißen konnte. Ich musste dort etwas in Ordnung bringen, was sehr entmutigend und gleichzeitig schockierend einfach ist. Entmutigend, weil die Wurzeln der Probleme sehr stark und weitverzweigt sind – es geht um Hunger, sexuelle Gewalt, patriarchale Strukturen, Rassismus, Wirtschaft, Medizin –, und wenn man glaubt, man hätte die Wunderlösung zusammengestrickt, zieht jemand an einem einzigen Faden, die ganze Sache fällt auseinander, und man steht vor einem Berg neuer Fragen, während in Afrika jede Minute Menschen sterben. Andererseits ist es schockierend einfach, weil es so gute, kluge Leute gibt, die so mutige, gute, kluge Dinge tun, und weil man mit sehr wenig Geld so viel tun kann.

Aber ich musste auch in mir selbst einiges in Ordnung bringen, und das war viel schwerer. Ich musste mich der Person stellen, die ich bei dieser Reise in mir entdeckte. Der Person, die am ersten Abend nach Hause fliegen und so tun wollte, als sei die ganze Sache nicht real. Das ist der Trick, glaube ich. Deshalb ist es gefährlich und sehr wichtig, dass man tatsächlich in ein Flugzeug steigt und dorthin fliegt. Weil ich es nicht vergessen konnte, so sehr ich das auch wollte. Ich musste in meinem Kopf und in meinem Herzen Raum schaffen. Einen Raum, der vorher von einfachen Dingen beherrscht wurde – Lebensmittel, die ich kaufen wollte, Lieder, die ich aus dem Internet herunterladen wollte, Menschen, die ich anrufen wollte. Diese Dinge musste ich ersetzen durch die Last Afrikas, eine schwere, dunkle Sache, die ich mit mir trage; etwas, unter dem ich stöhne, etwas, unter dem ich zittere. Denn wenn man es einmal gesehen hat, kann man nie mehr die Augen davor verschließen. Wenn man es einmal gesehen hat, ist man für das, was man gesehen hat, und für das, was man dabei in sich selbst entdeckt, verantwortlich.

Irgendwie wurde ich bei dieser Reise an unerwarteten Stellen weicher und härter. Aber vor allem bin ich seit dieser Reise gewachsen, weil es jetzt etwas Neues in mir gibt, so sehr ich mich auch bemüht hatte, diesem Neuen zu entkommen. Afrika ist wie ein eigensinniger Halm im Boden meines Lebens gewachsen, trotz meines Widerstandes, trotz meiner Angst und meines Egoismus.

Ich brauchte nach dieser Reise einige Zeit, bis ich über Afrika sprechen wollte, bis ich wieder etwas darüber lesen wollte, bis ich in der Gemeinde wieder etwas darüber hören wollte. Aber ich habe es gesehen, und ich habe es mit mir herumgetragen, und so sehr ich es auch versuchte: Ich konnte die Augen nicht länger davor verschließen. Mir blieb also nichts anderes übrig, als wieder dorthin zurückzukehren, aber auf eine völlig neue Weise. Ich werde nie wieder zu meiner Naivität, meinem Idealismus zurückkehren, dass es irgendeine wunderbare Lösung geben könnte, die alle kaputten Stücke einfach wieder zusammenfügt. Aber ich übe mich darin, zuzuhören, zu lernen und zu beten. Ich übe mich darin, die Wahrheit über mich selbst zu sagen, die Wahrheit, die zuzugeben ich vor vier Jahren noch zu stolz war: dass ich Angst habe und dass ich weinte, als ich mit dem Tod konfrontiert wurde, statt den Menschen wie eine Krankenschwester oder eine Prophetin zu helfen. Ich hielt mir die Augen zu. Aber das mache ich jetzt nicht mehr.

Das Baby, das in meinem Bauch heranwächst, während ich diese Zeilen schreibe, lenkt meinen Blick auf die Erinnerungen an diese Reise. Was vorher weit weg und abstrakt war, taucht jetzt mit scharfen Konturen vor meinem inneren Auge auf: Mütter hatten für ihre Babys nichts zu essen. Was das bedeutet, ist mir jetzt auf eine Weise bewusst, wie es das damals nicht war, nicht sein konnte. Meine Mutter hatte gesagt, AIDS in Afrika werde letztendlich von Müttern bekämpft und besiegt werden. Damals hatte ich gedacht, sie meine Frauen im Allgemeinen. Aber als ich diese Reise unternahm, war ich noch keine Mutter und verstand deshalb etwas nicht, das ich jetzt als Mutter verstehe. Alles sieht jetzt anders aus: Afrika und meine eigene Nachbarschaft, mein eigener Bauch und die schwangeren Frauen, die ich dort sah, Mütter, die ihre Babys austragen, die hungrig geboren werden und jeden Tag ihres Lebens hungern werden.

Zweimal im Monat kommt ein Essenslaster in unsere Stadt. Eine Kirchengemeinde vor Ort organisiert auf ihrem Parkplatz die Verteilung der Lebensmittel. Die Leute bilden eine lange Schlange, um Kartoffeln, Babynahrung und Äpfel zu bekommen. Unser Hauskreis arbeitet manchmal ehrenamtlich mit, packt die Lebensmittel aus und füllt sie in Wäschekörbe, Taschen und Eimer, die unsere Nachbarn mitbringen. Ich bin jedes Mal sprachlos, wenn ich sehe, wie Frauen, die genauso sind wie ich, die Babys in sich tragen, die sie genauso sehr lieben wie ich meines, Zwiebeln, Getreide und Saft in Körbe packen, weil sie ohne den Essenslaster für ihre Kinder nicht genug zu essen hätten.

Das, was ich auf der anderen Seite der Erde erlebt habe, arbeitet in meinem Leben wie Hefe einen Teig durchdringt und hat direkte Auswirkungen auf meine Nachbarschaft. Ich helfe an den Donnerstagnachmittagen bei der Verteilung der Lebensmittel. Das ist eine kleine Sache, aber eine Sache, die mir wichtig ist, weil man, wenn man einmal eine Not gesehen hat, nicht mehr die Augen davor verschließen kann. Ich habe die Frauen in dieser Schlange mit ihren Babys gesehen, und ich kann und will die Augen nicht vor ihnen verschließen.

Eines Abends stiegen wir in Afrika durch hüfthohe Sträucher und dorniges Gestrüpp auf den höchsten Punkt, den wir finden konnten. Als wir oben ankamen, schauten wir zu, wie die Sonne über einem majestätischen, königlichen Land unterging; einem Land, das gegeben, genommen, gestohlen und mit Blut getränkt worden war, einem Land, das in diesem Moment im weichen Schein der untergehenden Sonne im kräftigen Rot und Grün der Erntezeit glänzte. Das Gelände, auf dem wir standen, war auf allen Seiten von einer Mauer umgeben. Diese Mauer war oben mit zerbrochenen Flaschen gespickt, damit niemand darüber klettern konnte, ohne sich an dem Glas zu schneiden. Wir standen innerhalb der Mauer. Die zerbrochenen Flaschen glitzerten wie Diamanten in der Sonne und sorgten dafür, dass die einen Menschen drinnen blieben und die anderen draußen. Funkelnd und schön, aber gleichzeitig von Gewalt und Teilung erschüttert. In diesen zwei Extremen, in diesen zweierlei Wesen liegt Afrika.

In Afrika entdeckte ich die zweierlei Wesen in mir, die mir zwei

Hände reichen, in der einen Hand Entsetzen und Verzweiflung und in der anderen Hand Hoffnung. Ich muss mich Tag für Tag für eine Seite entscheiden. Es gibt Hoffnung für Afrika, und es gibt Hoffnung für mich und für meine Nachbarschaft, für die Scherben aus zerbrochenen Flaschen, die uns alle verletzen und voneinander trennen.

Gebet und Sport

Gebet ist für mich irgendwie ein bisschen wie Sport. Es ist gut für mich und hilft mir. Aber wenn ich ehrlich bin, sage ich viel öfter, ich würde es praktizieren, als ich es in Wirklichkeit mache. Wenn jemand fragt: »Treibst du Sport?«, antworte ich: »Auf jeden Fall. Ich bin davon überzeugt. Wenn ich Sport treibe, geht es mir besser.«

Streng genommen meine ich damit: Ich nehme mir jede Woche vor, dreimal zum Sport zu gehen, und hin und wieder schaffe ich es auch, einmal zu gehen; ich habe mehrere Sporthosen, ein paar DVDs und Bücher, und hin und wieder, wenn ich mich wirklich schlecht fühle, mache ich ein paar Gymnastikübungen vor meinem Bett. Ich bin also theoretisch eine überzeugte Sportlerin.

Mit dem Gebet läuft es in meinem Leben ähnlich. Wenn mich jemand fragt, ob ich bete, kann ich sagen, dass ich Bücher über das Beten und Gebetstagebücher besitze, dass ich von einigen großartigen Erfahrungen aus den letzten zehn Jahren berichten und viele gute Gründe aufzählen kann, warum jeder Mensch es praktizieren sollte. Aber ich kann nicht gerade mit vielen Erfahrungen aus der letzten Zeit aufwarten. Ich bin davon überzeugt. Ich fühle mich besser, wenn ich es mache. Ich glaube, mein Leben wäre besser, wenn ich es häufiger machen würde, genauso wie Sport, doch wenn man genauer hinschaut, bin ich nur theoretisch eine überzeugte Beterin.

Man braucht etwas, um zum Sport zurückzukommen, und man braucht etwas, um zum Gebet zurückzukommen. Nach meinen Erfahrungen geschieht dies am sichersten, wenn man verzweifelt ist. Ich warte, bis mein Leben so unausgeglichen geworden ist und bis ich so weit von jeder Realität und Hoffnung entfernt bin, dass ich zusammenbreche und bete.

Heute bin ich verzweifelt genug, um zu beten. Wenn ich über das Gebet nachdenke, was es bedeutet, wie viel es meinem Leben bringt und wie es meinen Blick für das Leben verändert, wird mir zum tausendsten Mal bewusst, dass jede Alternative zum Gebet genauso klug ist, als wollte man sein Haus auf Marshmallows bauen oder mit Zigaretten Krebs kurieren.

Leider glaube ich jedoch die meiste Zeit statt an das Gebet an meine eigene, verworrene Vorstellung davon, wie das Leben zu funktionieren hätte. Nach meinem Denkmuster geht es Leuten, die viel arbeiten, gut. Leuten, die klug und vorsichtig sind und die darauf achten, dass die Batterien in ihren Rauchmeldern rechtzeitig ausgewechselt werden, passiert nichts. Leute, die Vollkornbrot essen und nur bei ganz besonderen Gelegenheiten rauchen, sind gesund. Und so weiter. Diese persönliche Weltanschauung funktioniert eigentlich ganz gut. Ich lasse bei meinem Auto den Ölwechsel machen, zahle pünktlich meine Steuern und erwarte, dass das Leben weiterhin freundlich zu mir ist, weil ich meine Staatsbürgerpflichten erfülle und mein Auto regelmäßig warte; weil ich meinen Teil des Vertrages erfülle.

Ich erzähle niemandem, dass ich insgeheim eine solche Weltanschauung vertrete. Ich sage: Gott hat alles in der Hand, und wir wissen nie, wohin er uns führt, und ein Mensch plant seinen Weg, aber Gott kennt seine Schritte, und ich soll mich nicht auf meinen Verstand verlassen. Aber insgeheim verlasse ich mich auf meinen Verstand. Das tue ich, damit ich nicht zu sehr das Gefühl habe, keine Kontrolle zu haben und blind durchs Leben zu gehen, damit ich einen Plan und mein Leben im Griff habe und ich nicht das Gefühl habe, plötzlich könnte etwas passieren, das ich nicht vorhersehen kann und gegen das ich nicht versichert bin. Ich glaube an meine eigene Fähigkeit, mein Leben zu gestalten. Insgeheim will ich nicht, dass es völlig verschwommen und geheimnisvoll ist. Ich will nicht sagen, dass die Zukunft in Gottes Händen liegt und er mich führen kann, wohin er will. Das klingt beängstigend. Ich will Garantien. Ich will die Zukunft in der Hand haben. Ich will gesunde, intelligente Kinder, die mich nie anschreien oder zerrissene Kleidung tragen oder gewalttätige Videospiele spielen. Ich will eine schöne Badewanne. Ich will wissen, was auf mich zukommt, ich will wissen, was ich zu erwarten habe, Geld dafür sparen, eine Versicherung dafür abschließen und eine Bestätigung per E-Mail bekommen.

Ich kehre immer wieder zu meiner heimlichen, verschrobenen Weltanschauung zurück, weil sie auf sehr begrenzte Weise und für kurze Zeit funktioniert, mich immer wieder austrickst und im falschen Glauben wiegt, ich könnte mein Leben aus eigener Kraft retten. Ich respektiere Menschen, die beten und die anscheinend wirklich dieses spannende Leben nach der Devise »Alles, was Gott will, soll geschehen« führen, aber dieser Respekt ist so ähnlich wie mein Respekt vor Menschen, die nichts von konventioneller Medizin halten – ich finde es exotisch und cool, aber sobald ich mich ein wenig krank fühle, will ich jede Behandlung und jede Spritze und jedes Medikament, das es auf der Welt gibt.

Das Problem ist, dass die Weltanschauung, für die ich mich entschieden habe, wie Butter in der Wärme schmilzt. Ich hatte einen Plan und der Plan ging nicht auf. Ich habe es nach meinem von mir selbst aufgestellten System richtig gemacht, aber alles lief schief. Meine ganze Logik, meine Notfallpläne, Rauchmelder und Versicherungen haben es nicht vorhergesehen. Der Plan funktioniert nicht mehr. Dabei habe ich den Plan geliebt. Ich habe an den Plan geglaubt, heimlich und mit mehr Überzeugung, als ich an das geheimnisvolle Wirken Gottes geglaubt habe.

Also bin ich jetzt aus reiner Verzweiflung wieder zum Gebet zurückgekehrt. Ich bin wieder beim Gebet angelangt, weil mein Leben ohne das Gebet einfach nicht funktioniert. Ich bete, weil mir einfach keine andere Wahl bleibt.

Mein Gebet fängt meistens folgendermaßen an: *Lieber Gott, ich brauche Hilfe. Ich schaffe es nicht mehr. Kannst du mir bitte etwas gegen die Schmerzen geben?*

Im letzten Frühling hatten wir in der Gemeinde unserer Heimatstadt und in unserer Gemeinde in Grand Rapids fünf Beerdigungen innerhalb von fünf Wochen. Keiner dieser fünf war eines natürlichen Todes gestorben. Es waren keine alten Menschen am Ende eines erfüllten Lebens. Ein krankes, sechs Monate altes Baby, zwei Selbstmorde, zwei Unfälle, 18, 20, 21 und 22 Jahre.

In unserem Hauskreis schauten wir uns diese Woche einfach nur stumm an. Erschöpft, ausgelaugt, vom Weinen erschöpft, schmerzerfüllt. Eine von uns Frauen brach irgendwann das Schweigen und sagte: »Ich muss euch etwas sagen: Wenn wir als Gruppe beten, bete ich gar nicht. Wenn Gott jemanden aufgrund von Gebeten heilt, sind genug andere Leute da, die beten. Ich weiß nicht, ob ich glaube, dass es darauf ankommt, ob eine Stimme mehr oder weniger mitbetet.«

Ich wusste nicht, was ich darauf sagen sollte, aber eines weiß ich: Gebet hilft mir. Wenn ich bete, findet etwas, das in mir aus den Fugen geraten ist und ziellos umherirrt, einen Platz, an dem ich mich hinlegen und ausruhen kann. Wenn ich bete, fühle ich mich nicht mehr so allein auf der Welt. Ich habe das Gefühl, dass es ein Netz gibt, ein fein gesponnenes Gewebe, das alles zusammenhält, das alles am Laufen hält. Ich fühle mich machtlos, und das Gebet erinnert mich daran, dass ich zwar vielleicht machtlos bin, aber dass es eine Macht gibt, und derjenige, der die Macht in Händen hält, ist gut. Das Gebet erinnert mich daran, dass das Universum nicht machtlos vor dem Bösen und den Verlusten kapituliert, die unsere Gemeinde zurzeit zu verschlingen scheint.

Ich stelle mir einen riesigen Chor vor, Hunderte von Stimmen. Sie singen etwas, das unglaublich schön ist. Wenn man die einzelnen Sänger anschaut, kann man ihre Eindringlichkeit erkennen, ihren Blick fürs Detail und für Präzision, ihre extreme Konzentration auf Geräusche und Sätze. Und man kann ihre Liebe zur Musik und ihre Leidenschaft für das Singen sehen. Man hört von den vielen hundert Stimmen keine einzelne Stimme heraus, aber darum geht es gar nicht. Sie singen nicht, um einzeln gehört zu werden. Sie singen um des Singens willen, aus Liebe zur Musik, zum Ton und zur Melodie. Das ist einer der Gründe, warum ich bete. Ich bete um des Betens willen.

Ich bete, weil ich das Gebet brauche. Weil ich mir ins Gedächtnis rufen muss, dass es da oben jemanden gibt und dass er gut ist. Ich bete natürlich, um gehört zu werden, aber das Gebet bewirkt auch in meinem Leben etwas sehr Tiefgreifendes. Die Haltung des Gebets bringt mich wieder zu etwas zurück, das ich so oft verliere, zu etwas, das wie ein Faden reißt. Das Gebet knotet den Faden wieder zusammen. Das Gebet sagt: Ich weiß, dass du da oben bist. Ich glaube dir. Ich kann es schaffen. Ich weiß, dass du gut bist. Beten heißt sagen, dass es mehr gibt, als ich sehen kann, und mehr, als ich tun kann. Es geschieht viel mehr, als man sehen kann.

Das Gebet heilt alle Muskeln, die ich so lange angespannt hatte, während ich alles selbst zusammenhalten wollte, die Zähne zusammenbiss und auf den Erfolg wartete. Das Gebet macht wie der Sport, wie das Singen Hartes weich, Starres biegsam, Unmögliches möglich, Kaltes warm, Lebloses lebendig. Egal, was uns dazu bringt zu beten: Es ist immer besser, es zu machen, als es nicht zu machen.

Beichte

Am Montagabend geschah in unserem Hauskreis etwas sehr Unangenehmes. Vor dem Essen, also gleich am Anfang des gemeinsamen Abends, erwähnte jemand eine Freundin und erzählte beiläufig, dass diese Freundin einen Termin bei einem Verlag habe, weil sie ein Buch schreibe. Dann unterhielten wir uns über andere Dinge, über normale Dinge. Wir aßen Pizza aus unserer Lieblingspizzeria. Wir erzählten uns das Neueste aus unserem Leben. Ich nahm irgendwie vage an den Gesprächen teil, nickte von Zeit zu Zeit und warf hin und wieder eine Bemerkung ein. Aber in meinem Inneren lief etwas ganz anderes ab, während ich so tat, als lächelte ich und als hörte ich den anderen zu.

Während wir uns unterhielten, wurde ich innerlich von Eifersucht völlig zerfressen, als nagten eine Million Termiten an meinen Knochen und Organen und ich würde jeden Augenblick zu Staub zerfallen. Das war kein kurzer, vorübergehender Eifersuchtsanfall, der einen Moment schmerzt und dann wie alle anderen Dinge verblasst, von denen man sich vage wünscht, sie wären an diesem Tag anders gelaufen. Das war Eifersucht wie ein Hausbrand, etwas, das man absolut nicht ignorieren kann, etwas, bei dem man vielleicht den Notarzt braucht. Ich fühlte, wie meine Augen klein und hart wurden und wie meine Seele zu einem winzigen, ausgetrockneten Pfirsichkern zusammenschrumpelte.

Eifersucht ist für mich nichts Neues. Aber normalerweise weiß ich, wie ich damit umgehen muss und fühle mich dann ein wenig besser. Sie wissen schon, ich denke an das, was ich habe, aber die andere nicht, damit ich mich wieder besser fühle. Ich rede mir ein, dass der andere zwar in Geld schwimmt, aber dass ich wenigstens eine liebevolle Familie habe und kein trauriger, einsamer, seelenloser Geizhals bin, und fühle mich ein wenig besser dabei, dass ich einen zehn Jahre alten Kleinwagen fahre. Oder ich sage mir, dass die andere zwar vielleicht einen wirklich perfekten Körper hat, aber im Gegensatz zu meinem mitfühlenden, netten Wesen hat sie leider den Charakter eines schmutzigen Taschentuchs.

Das Furchtbare, das ich am Montagabend erlebte, war, dass ich erkannte, dass es in meinem Leben eine Person gibt, gegen die ich keine Chance habe. Ich dachte, ich hielte sie mir vom Leib, aber am Montagabend besiegte sie mich. Das tat sehr weh. Es fängt damit an, dass sie attraktiver ist als ich. Das ist unbestritten, so wie der Ozean attraktiver ist als eine Mülldeponie. Sie kennt sich in Gebieten aus, von denen ich nicht einmal annähernd eine Ahnung habe, geschweige denn, dass ich darin irgendeine Kompetenz vorweisen könnte. Mathe zum Beispiel und Rückwärtseinparken. Sie fährt ein Auto, wie ich es nur in meiner Fantasie fahre. Sie passt in die Jeans, in die ich nur in meiner Fantasie passe.

Ich kam, wenn auch nur mühsam, gut damit klar, weil sie wirklich eine liebe Freundin ist und weil ich mich insgeheim daran geklammert hatte, dass sie zwar in jeder Hinsicht eine leuchtende, großartige Persönlichkeit ist, aber dass sie wahrscheinlich nie ein Buch schreiben wird. Insgeheim dachte ich: Ich schreibe ein Buch und halte dieses Buch wie Kryptonit vor mich – Ha! Ha! Ich habe ein Buch geschrieben! Du bist großartig? Aber ich habe ein Buch geschrieben! Leute, die mich nie zu ihren Partys einladen, laden dich immer ein? Ich habe ein Buch geschrieben!

Es war der letzte kleine Pluspunkt, den ich ihr gegenüber hatte, weil sie in jedem anderen Bereich besser ist als ich. Doch dann erwähnte am Montagabend jemand nebenbei, dass sie auch ein Buch schreibt. Ich wollte beten. Mit Beten meine ich, dass ich beim Essen aufstehen, die geballte Faust erheben und Gott fragen wollte: »Wie *konntest* du nur?!« Mein ganzes Denken biss sich daran fest und zog mich immer tiefer nach unten, bis ich fast keinen Ton mehr über die Lippen bringen konnte. Einerseits war ich so wütend, dass diese Person mich nicht einfach in Ruhe lassen konnte, dass sie mir nicht einfach die einzige Kleinigkeit lassen konnte, die ich noch hatte, und mich diejenige sein lassen konnte, die ein Buch schreibt. Genügt es nicht, dass du umwerfend attraktiv bist? Kannst du nicht einfach dein cooles Auto perfekt rückwärts einparken und deine genialen Gerichte kochen und mich ein Buch schreiben lassen? Andererseits wurde mir schmerzlich bewusst, dass ich mich geistlich auf sehr gefährlichem Terrain bewegte. Ich schämte mich sehr. Es geht hier um eine Frau, die ich mag. Aber ich bin so eifersüchtig auf sie, dass ich nicht einmal meine Pizza essen kann.

Nach dem Essen saßen Annette, Sarah und ich auf der Couch, und ich platzte damit heraus, dass ich ihnen etwas sagen müsse. Ich sagte: »Wenn diese Frau ein Buch schreibt, muss ich für den Rest meines Lebens vierundzwanzig Stunden am Tag zur Therapie gehen. Ich koche innerlich vor Eifersucht. Diese Person ist in allen anderen Dingen besser als ich, und ich packe es einfach nicht, wenn sie jetzt auch noch ein Buch schreibt!«

Ich wartete darauf, dass sie aufstehen und gehen würden, dass sie einander anschauen, kichern und zur Tür hinausgehen würden, oder dass sie mich anschauen würden, als hätte ich jemanden ermordet, und von mir abrücken. Sie sind wirklich gute Menschen – reife, gottesfürchtige Menschen, die keine verschrumpelte Seele oder kleine, harte Augen haben wie ich. Sie hörten mir zu, und sie blieben bei mir. Wir unterhielten uns ein paar Minuten darüber, und ich bat sie, dass sie das bitte lieber nicht ihren Männern erzählen sollten, weil ich mich so klein fühlte, mich so sehr schämte und weil ich nicht bereit war, ihnen diesen Teil von mir zu zeigen. Wir unterhielten uns über irgendwelche anderen Dinge. Doch dann brachte ich das Gespräch noch einmal auf meine Eifersucht zurück. »Wisst ihr noch, ähm, wisst ihr noch, was ich euch gerade gesagt habe? Diese furchtbare Sache? Glaubt ihr, ihr könnt mich trotzdem immer noch gernhaben?« Sie sagten sehr ernst, dass sie das könnten, und ich rutschte auf der Couch ein wenig näher an sie heran, wie ein kleines Kind, das sich dadurch sicher und beschützt fühlt, denn genau so fühlte ich mich.

Dieses Geheimnis hatte mich während des gesamten Essens zum Wahnsinn getrieben, aber als ich es aussprach, als ich es vor meinen Freundinnen eingestand, wurde in meiner Brust etwas frei. Es war beängstigend und riskant, ihnen so etwas zu erzählen, aber es war richtig. Nachdem ich es ausgesprochen hatte, hatte es nicht mehr so viel Macht wie vorher. Ich muss immer noch schwer an mir arbeiten, in mir muss immer noch einiges abgeschliffen, poliert und erneuert werden, aber als ich mein Geheimnis aussprach, spürte ich, wie meine Seele sich wieder weitete, nur ein kleines bisschen, als hätte sie lange den Atem angehalten und bekäme jetzt endlich wieder Luft.

Ich habe die Beichte nie so praktiziert, wie es bei den Katholiken üblich ist, obwohl mir bei katholischen Hochzeiten immer besonders gut gefällt, dass auch während einer Hochzeitszeremonie die Leute zur Beichte kommen können. Eine Freundin von mir heiratete in einer schönen katholischen Kirche in Chicago. Die Blumen und die Musik waren wunderbar, und die Gäste waren festlich gekleidet. Dann bemerkte ich eine Frau am Ende einer Bankreihe mit Lockenwicklern in den Haaren und Hausschuhen an den Füßen, die ihre Handtasche fest an sich drückte, als sei sie an einer Bushaltestelle und nicht mitten in einer feierlichen Hochzeit und als hätte sie Angst, jemand würde sie ihr gleich entreißen. Ich machte die Freundin neben mir flüsternd auf diese Frau aufmerksam, und sie erklärte mir leise, dass man immer zur Beichte kommen könne, egal, was gerade in der Kirche geschehe, also auch während einer Hochzeitszeremonie.

Ich weiß nicht, was die Frau zu beichten hatte, ob sie etwas wirklich Schlimmes angestellt hatte und nicht warten konnte, oder ob sie jede Woche um diese Zeit zur Beichte ging. Aber ich weiß, was für ein Gefühl es ist, wenn man wirklich dringend etwas beichten muss; wenn man das Gefühl hat, alles in einem fülle sich mit schwarzem Rauch und man müsse ihn einfach hinauslassen, und zwar schnell. Ich weiß, was es für ein Gefühl ist, etwas mit sich herumzuschleppen, das einen bei lebendigem Leib auffrisst, und ich kenne das leichte, wunderbare Gefühl, wenn man es hinauslässt und wieder einen kleinen Schritt geht, um die Person zu werden, die man eigentlich sein möchte.

Schalom

Es gibt Momente im Leben, in denen alles harmoniert und im Lot ist, in denen alles zusammenpasst, sich zusammenfügt und alles für den Bruchteil einer Sekunde gut ist – Gott, die Ehe, mein Leben und etwas tief drinnen, das sich wie Frieden anfühlt. Das ist der Punkt, den ich gern erreichen möchte.

Hin und wieder erhasche ich kurze Blicke auf dieses schmerzlich schöne Leben, wenn die Masken fallen, die Entschuldigungen und meine Gebete aus der Tiefe meines Herzens kommen und ich mich mit aller Kraft dafür einsetze, mehr aus meinem Leben zu machen. Ich will diesen Frieden, der mich glücklich macht, der aber viel tiefer geht als nur oberflächliches Glück – Frieden, der aus der Tiefe kommt, der in uns den Wunsch weckt, ewig zu leben, bei dem man laut schluchzen möchte, weil man sich an so viele Momente erinnert, in denen es so viel Unfrieden gab. Ich suche solche Momente genauso wie glitzernde Steine am Strand, die mitten im weiten, grauen Sand funkeln, und ich möchte, dass diese Momente sich in Stunden und Tage verwandeln.

Das Wort, das ich dafür benutze, ist *Schalom*. Es ist die körperliche, sinnliche, beziehungsorientierte, gemeinschaftsorientierte, persönliche, ideologische Haltung, die sich auf Gott hin ausrichtet. Besser kann ich es nicht beschreiben. Es ist Gleichgewicht und freier Fall, Balance und Schaukeln. Es ist ein neuer Tanz, ein neuer Geschmack, das Gefühl, sich zu verlieben, das Wissen, frei zu sein. Es ist dieser Bruchteil einer Sekunde zwischen einer Tatsache und einem Gefühl, etwas, das man vor Gericht beschwören könnte, aber wenn man es versuchen würde, fände man nicht die richtigen Worte.

Dorthin zu kommen ist, stelle ich fest, sehr schwere Arbeit, aber ein Kampf, der sich lohnt. Schalom fordert so viel, so viel mehr, als ich gedacht hatte, dass ich es opfern müsste. Dieser Friede kratzt so tief an meinem Innersten und legt den Finger auf so viele dunkle Stellen in mir. Schalom ist etwas, das man nicht vorspielen kann. Man muss sich dafür öffnen, man muss offen und verwundbar für das werden, was vielleicht von uns verlangt wird, was wir vielleicht aufgeben, überwinden, wovon wir frei werden müssen. Manchmal hat man vielleicht das Gefühl, man müsse weiter laufen, als man dachte laufen zu können, mit zitternden Beinen und brennender Lunge, und ist stolz und überrascht, weil man sich das gar nicht zugetraut hätte.

Der Geist, die Seele, der Körper und der Verstand sind miteinander verbunden, auch wenn wir sie vielleicht lieber einzeln sehen wollen, weil wir glauben, dadurch bliebe alles besser organisiert wie ein Tablett mit einem Fach für den Pudding und einem Fach für die grünen Bohnen. Aber wenn wir auseinandergenommen werden, verlieren wir unseren Kern, die Möglichkeit, als Ganzes mehr zu sein als Beine und mathematische Formeln, die wir in der Schule gelernt haben.

Bei Schalom geht es um Gott, um die Stimme und den Geist Gottes, der die dunklen Winkel, die wir abgetrennt und tief in uns eingeschlossen haben, durchweht und durchdringt. Es geht um Glauben und darum, uns vom Glauben zur Vergebung bewegen zu lassen. Es geht um Barmherzigkeit und darum, uns von der Barmherzigkeit zum Handeln bewegen zu lassen. Es geht darum, dass unser ganzes Leben von Gottes heiligem Geist durchwebt wird, durch Freundschaft und Beichte, durch Ruhe und Bewegung, durch Ehe und Stille.

Schalom ist, wenn das Leben aufsteigt, zur Anbetung und zum Fest wird, ein Sakrament, ein Opfer. Es bedeutet, in einer Welt aus Kinos, Schuhen, Autobahnen und Internetseiten zu leben und festzustellen, dass diese Dinge vom selben Geist und derselben Göttlichkeit und denselben Möglichkeiten durchdrungen sind, die wir in uns selbst sehen. Es bedeutet, mit einem Ziel zu leben und bereit zu sein, sich an den höchsten, besten Maßstäben messen zu lassen und im gleichen Atemzug dort Gutes zu finden, wo die meisten Menschen nichts als Schmutz sehen. Ich stelle überrascht fest, dass ich umso mehr Leben, umso mehr Hoffnung, umso mehr erfüllte Momente finde, je mehr ich aufgebe. Je mehr ich loslasse, verzichte, reduziere, umso reicher fühle ich mich. Je mehr ich Menschen das sein lasse, was sie sind, statt in ihnen nur das zu sehen, was ich von ihnen brauche, umso mehr staune ich über ihre Schönheit und Tiefe.

Wenn wir es schaffen, diesen Schalom zu leben, wenn auch nur für einen Moment, dann ziehen wir einander zu etwas Größerem, Weiterem, Schönerem nach oben, denn wenn ich nur auf mich selbst angewiesen bin, ist die Gefahr groß, dass ich mich immer mehr nach unten bewege, bis das Leben nicht mehr ist als der Schimmelgeruch an meinen Küchenhandtüchern und die Schuldgefühle wegen der ganzen Dinge, die ich eigentlich aus mir machen wollte.

Das Wahrste ist offensichtlich auch das Größte: Die große Idee, ein Leben mit Gott, mit Ehre, Ehrlichkeit, Gemeinschaft und Schönheit zu führen und den Ort zu suchen, an dem das alles zusammenkommt, wo Hoffnung, Kampf, Schönheit und Tränen zu den besten, hellsten Momenten des Lebens zusammenlaufen. So stelle ich mir ein Leben mit Gott vor.

Ich glaube, das Leben ist ein Fest. Um es zu feiern, müssen wir uns durch unsere Angst und Abneigungen durchkämpfen und unser Bedürfnis aufgeben, die Beste, die Schönste, die Perfekteste sein zu wollen. Weil das Große, das Kraftvolle, das Schöne schon überall um uns herum geschieht und weil wir es verpassen könnten, wenn wir zu sehr damit beschäftigt sind, die Erwartungen anderer Menschen zu erfüllen oder irgendwelchen Preisen nachzujagen.

Schalom geschieht um uns herum, aber er geschieht nie von sich aus. Die besten Dinge geschehen nie von allein. Schalom ist das Allerbeste, was es gibt. Genauso wie Vergebung uns nicht leichtfällt, solange wir sie nicht praktizieren und Hoffnung uns immer unmöglich erscheint, solange wir uns ihr nicht verpflichten, genauso wie Nehmen leichter ist als Geben und Geben leichter ist als Aufstehen, genauso geschieht Schalom nie von allein.

Schalom geschieht, wenn wir uns zu etwas überwinden, wenn wir schmerzliche Wahrheiten sagen. In diesen Augenblicken, die uns Kraft und Mut kosten, wird Frieden geboren. Schalom kehrt ein und alles wird neu. Wenn wir ihn geschmeckt, ihn gerochen, dafür gekämpft, ihn in unser Leben eingebaut haben, würden wir unsere Seele dafür geben, um ein wenig mehr davon zu bekommen. Und er ist es immer wert. Schalom.

Gute Sachen

Heute durfte ich meiner Freundin Julie, die sich gut um mich kümmert, die sich gut um jeden kümmert, Essen bringen. Ihr Mann Doug
hat in den letzten zwei Tagen zwei Krampfanfälle erlitten und hatte
Millionen von Untersuchungen, Tests und Termine bei Neurologen.
Sie waren gerade vom Krankenhaus nach Hause gekommen und sa
ßen auf der Veranda vor dem Haus, als ich vorfuhr. Lilly, ihre dreijährige Tochter, fuhr in ihrer rosa Unterwäsche mit ihrem kleinen Fahrrad auf dem Gehweg auf und ab.

Es herrschten heute vierunddreißig Grad, und sie waren völlig kaputt. Wir saßen auf der Veranda und aßen Salat mit großen Tomatenstücken, Koriander und schwarzen Bohnen und tranken kalten Chardonnay. Die Weingläser schwitzten in der Hitze. Wir schauten Lilly
zu, erzählten uns Geschichten und saßen lange Momente schweigend
da. Als ich wegfuhr, nachdem Julie mich im Türrahmen auf die
Wange geküsst hatte, wurde mir bewusst, dass dies wahrscheinlich
meine schönste Zeit mit ihrer Familie gewesen war.

Der Sommer in Michigan hat etwas an sich, das einem in den Kopf
steigt und das einen ungezügelt feiern lässt. Nimmt man dazu den
Schmerz und die Angst, die Krankenhäuser und Krankenwagen auslösen, dann wird manches gestochen scharf, und vieles andere verblasst.
Was übrig bleibt, ist das nackte Gerippe, die Dinge, die noch zählen,
wenn alles andere bedeutungslos wird, wie die dreijährige Tochter in
ihrer rosa Unterwäsche und dass der Ehemann wieder gesund wird.

In den letzten drei Monaten ging es in unserem Leben fast nur um
Tod, Hochzeiten, Babys und Tränen. Es war, als wären die einfachen,
leichten Momente im Film des Lebens, die normalerweise diese riesigen, alles überschattenden Ereignisse abmildern, herausgeschnitten
worden, und diese ganzen großen Dinge wären übergangslos aneinandergeklebt worden. Bevor ich heute zu Julie hinüberfuhr, packte
ich meine Taschen aus. Es waren vier Taschen, von vier verschiede-

nen Reisen in den letzten drei Wochen. Ich fühlte mich wie eine Archäologin, die die Chronologie dieses Monats Schicht für Schicht abtrug. Ich hatte einen riesigen Wäscheberg zu waschen, als wohnte eine ganze Fußballmannschaft in unserem Haus und nicht nur Aaron und ich. Zum ersten Mal seit Wochen fuhr ich wieder Lebensmittel einkaufen.

Mit Julie und Doug zusammen zu sein weckte heute in mir den Gedanken, alles sei in Ordnung. Dieser Gedanke ist in seiner Unwahrheit furchtbar grausam. »In Ordnung« ist wie ein dünner Schorf über einer Wunde, der sich immer wieder löst und darunter viel Blut und Eiter offenlegt und einen Angriff auf den ganzen Körper darstellt. Wir leben in einem verhältnismäßigen Frieden, schaffen einiges, tun, was man uns sagt, und erwarten: Wenn wir uns anständig benehmen, werden wir dafür eine Belohnung bekommen. Wir denken, dafür, dass wir ruhig und fleißig leben, dass wir Geld für die Aktion Mensch spenden und uns an die Geschwindigkeitsbegrenzungen auf den Straßen halten, ernten wir ein gutes Leben. Doch dann passiert etwas; wir bekommen einen Anruf oder eine Diagnose vom Arzt und schlagartig wird alles anders.

Es ist, als hätte sich der Himmel mitten am Tag rot gefärbt, als hätte der feste Boden unter unseren Füßen sich in Meerwasser verwandelt, denn die Welt ist plötzlich anders geworden. Es ist, als hätte eine chemische Umwandlung stattgefunden, als wären die positiven und die negativen Ladungen vertauscht worden. Inmitten dieser Veränderungen schaut man sich um und stellt fest, dass es allen anderen anscheinend gut geht, dass man anscheinend der Einzige ist, der diese Veränderung bemerkt.

Wir erhalten diesen Mythos am Leben, auch wenn wir nicht länger daran glauben. Wir beharren darauf, dass alles in Ordnung sei. Aber wir machen uns selbst etwas vor. Können Sie den Menschen in Ihrer Umgebung in die Augen schauen und wirklich glauben, dass alles in Ordnung ist? Wir wollen glauben, dass die Dinge von uns abprallen, dass wir hart und erfahren sind, dass wir alles ziemlich gut im Griff haben. Aber Sie wissen genau, hinter welcher Tür Sie sich einschließen, wenn Sie nur noch weinen können. Sie wissen, welches Wort oder welches Bild diesen Schorf von der Wunde reißt. Es ist eben nicht alles in Ordnung.

Bei meinem ganzen Ringen darum, das Richtige zu tun und der richtige Mensch zu sein, entgehen mir einige sehr wichtige Dinge, die Gott vielleicht von mir verlangt. Aus vielen verschiedenen Gründen war ich in den letzten Jahren viel zu sehr beschäftigt, um mich unterbrechen zu lassen. Ich arbeitete mit ganzer Kraft für eine gute Sache. Das ging auf Kosten all der Dinge, die ich gesehen hätte, wenn ich mein Tempo ein wenig verlangsamt und mich in meinem Leben umgeschaut hätte. Ich wollte produktiv, nützlich und konzentriert sein und verwandelte mich dabei in eine Frau, die zerrissen und zerstreut war, die die emotionale Last ihres eigenen Lebens nicht tragen konnte, geschweige denn die Last eines anderen Menschen. Diese Frau will ich nicht sein. Ich schäme mich, dass ich mich so weit von der Person, die ich sein wollte, habe forttreiben lassen.

Diese Woche sah auf Gott zu hören und zu tun, was er meiner Meinung nach von mir wollte, eigentlich ziemlich nach Nichtstun aus. Ich änderte meine Pläne, kaufte Geschenke, betete, machte für meine Freundin, die einen Schlafplatz für die Nacht brauchte, ein Bett auf der Couch. Das Wichtigste daran ist, dass an dem, was ich getan habe, nichts besonders edel oder schwierig war. Ich machte alltägliche Sachen, die im Leben der Menschen um mich herum getan werden mussten. Und es geht mir gut dabei, weil ich glaube, dass ich allmählich das mache, was Gott schon die ganze Zeit von mir wollte.

Uns wird manchmal der Boden unter den Füßen weggezogen. Niemand bleibt davor verschont. Es ist nicht alles in Ordnung. Zu den wichtigsten Dingen, die wir Gott geben können, gehört unsere Bereitschaft, auf der Couch ein Bett herzurichten oder jemanden anzurufen oder jemandem etwas zu kochen oder jemandem, den wir gern haben, zu helfen. Was kann man sonst tun? Ich kann Krampfanfälle nicht verhindern, obwohl ich das tun würde, wenn ich es könnte. Ich kann Lilly nicht sagen, dass so etwas nie wieder passieren wird, obwohl ich das tun würde, wenn ich es könnte. Aber ich kann für sie da sein, ich kann ihnen etwas zu essen bringen, ich kann mir ihre Geschichten anhören, die seltsamen Sachen, die die Ärzte gesagt haben, und die sonderbaren Sachen, die Verwandte in angespannten Situationen unausweichlich sagen und die einen wütend machen. Ich kann schweigend in der Hitze und Stille eines schwülen Juniabends sitzen und wissen, dass zwar nicht alles in Ordnung ist, aber dass dieser Moment gut ist.

Ich wage den Versuch, weil ich diese Woche das Gefühl habe, schon lange nichts mehr getan zu haben, das so gut und richtig war. Das macht mich ein wenig stolz, bringt mich ein wenig näher zu der Person hin, die ich gern sein möchte, lässt mich ein wenig wie ein Kind sein, das eine kleine Aufgabe übertragen bekommt und sie gut gelöst hat.

Unter den vielen Partys, Picknicks und Essen mit Doug, Julie und Lilly hatte die Zeit, die ich heute Abend mit ihnen verbrachte, einen ganz besonderen Wert; vielleicht wegen der Erschöpfung, der Angst und der Hitze. Dieser Abend hat sich wie ein altes Foto fest in mein Gedächtnis eingeprägt. Wenn ich daran denke, bin ich dankbar, und wenn ich darüber nachdenke, was in unserem Leben, in unseren Freundschaften, in unseren Familien und in den guten Sachen, an die wir glauben, wirklich zählt, weiß ich, dass dieser Abend dazugehört.

Der Haken

Wenn ich versuche, jemandem zu vergeben, stelle ich mir vor, dass ich wie in einem Zeichentrickfilm diese Person von einem großen Haken herabhole. Ich mache das nie gern. Lieber koche ich innerlich weiter und richte meinen Ärger wie eine Laserspitze auf den anderen und wünsche ihm Krankheiten und eine schlechte Haut. Ich hoffe, der andere wird fett, andere reden hinter seinem Rücken über ihn, seine Toilette läuft über, sein Computer stürzt ab. Mein Ärger beschäftigt mich wie Zahnschmerzen.

Vor einiger Zeit machte mich eine Freundin wirklich wütend. Stinkwütend. Mein (genialer) Therapeut sagt, wenn wir stinkwütend werden, ist das immer ein Zeichen für Verletzungen und Angst. Wenn ich also ehrlich sein will, muss ich sagen, dass sie mich verletzt und mir Angst gemacht hat. Das ist noch viel schlimmer, als wenn sie mich einfach wütend gemacht hätte. Ich fühlte mich klein, hatte Angst und die Kontrolle verloren, und ich hatte das Gefühl, meine Freundin tue alles, nur um mich zu verletzen. Jedes Mal, wenn ich etwas von ihr oder über sie hörte, tat es weh. Es war, als hätte sie scharfes Glas an den Händen. Jedes Mal, wenn sie in meine Nähe kam, schnitt sie mich, selbst wenn sie geschworen hätte, dass das nicht ihre Absicht war.

Eine Weile bereitete es mir richtig Freude, mich über sie zu ärgern, sie immer und immer wieder an diesen Haken zu hängen. Es war, als wäre ich ein Riese, der über den winzig kleinen normalen Menschen thront und vor Freude lacht, wenn ich sie wieder und wieder an den Haken hänge. Ich fühlte mich stark, als könnte ich sie kontrollieren und sie so verletzen, wie sie mich verletzt hat. Ich ging bis zur Erschöpfung dasselbe Gespräch immer und immer wieder durch, aber jedes Mal ein kleines bisschen anders; ich sagte kluge Dinge und fand Schlupflöcher in ihren lahmen Argumenten. Ich war in meinem imaginären Wortgefecht der Diskussionsleiter und warf ihr die klügsten Sachen an den Kopf.

Als ich eines Abends zu Sarah fuhr, um mit ihr einen Spaziergang zu machen, fragte sie mich, wie es mir zurzeit gehe. »Na ja«, antwortete ich. »In letzter Zeit ist es ziemlich hart mit einer Freundin, über die ich mich sehr ärgere.« Natürlich habe ich es nicht so gesagt, sondern ihren Namen genannt, aber ich will hier ihren Namen nicht verraten. Es gab eine Zeit, in der ich Ihnen ihren Namen, ihre Handynummer und eine Wegbeschreibung zu ihrem Haus gegeben hätte, damit Sie ihr in meinem Namen gehörig den Kopf waschen können. Außerdem hätten Sie von mir eine ausführliche Liste ihrer Fehler in absteigender Reihenfolge in der Schwere ihrer Vergehen bekommen, aber jetzt nenne ich sie einfach »meine Freundin, über die ich mich sehr ärgere«.

Ich erzählte Sarah also, dass wir im Moment eine schwierige Zeit durchmachten. »Oh«, sagte sie. »Wann hast du denn mit ihr gesprochen?« Ich verdrehte die Augen und schnaubte wie eine Siebtklässlerin. Ich hatte nicht mit ihr *gesprochen*. War sie verrückt? »Ich, ähm, habe eigentlich überhaupt nicht mit ihr gesprochen. Was ich sagen wollte, ist: Es war hart … in meinem Kopf.«

Sanft und freundlich schwieg sie und wartete darauf, dass ich selbst erkannte, was ich soeben gesagt hatte. »Hart in deinem Kopf?« Wieder sanft und freundlich. Ich hatte Stunden mit imaginären Gesprächen verbracht, hatte mich ständig im Kreis gedreht und heimliche Fantasien genährt, dass diese Person, über die ich mich sehr ärgere, in der Öffentlichkeit auf die Nase fällt, und hatte kluge Erwiderungen geplant, die ich in Wirklichkeit vor Monaten hätte sagen sollen.

Ich hörte nicht auf, über sie nachzudenken, und der Ärger und das Gift wurden immer mehr ein Teil von mir. Zuerst dachte ich über das nach, was passiert war. Dann zogen sich die Muskeln in meinem Nacken und in meinem Rücken zusammen, und in meinem Hinterkopf setzten Schmerzen ein. Selbst wenn viele andere Dinge in meinem Leben gut liefen, war da immer diese Anspannung in meinen Schultern und in meinem Nacken. Dann fiel mir das Atmen schwerer, und ich hatte das Gefühl, etwas verfaule in mir, so wie wenn im Kühlschrank Lebensmittel verderben.

Was meinen Ärger und diese verrottenden Gefühle am Leben erhielt, war der Gedanke, dass ich im Recht sei. Wirklich. Wenn ich über das, was passiert ist, nachdenke, meine ich, dass diese Frau einem nicht völlig schlechten Menschen, nämlich mir, eine schlimme Sache angetan hat. Ich will, dass sie sich entschuldigen muss. Laut. Öffentlich. Und mir ein Versöhnungsgeschenk überreicht. Ich will, dass sie sich so schlecht fühlt, wie ich mich gefühlt habe, so klein und so verängstigt. Ich will, dass sie zugibt, dass sie etwas falsch gemacht hat und mir schriftlich in Anwesenheit eines Notars verspricht, so etwas nie wieder zu tun.

Außerdem denke ich, wenn wir vor Gericht gingen, vor irgendein nicht existierendes Freundschaftsgericht, wo ein Richter über solche Dinge ein Urteil fällt, würde ich wahrscheinlich auch nach den ganzen Monaten immer noch den Prozess gewinnen. Der Schmerz lässt ein wenig nach, aber ich habe immer noch das Gefühl, sie habe etwas falsch gemacht. Wie kann ich jemandem vergeben, der nicht einmal auf die Idee kommt, dass er etwas falsch gemacht hat? Oder den das nicht interessiert?

Ich könnte ihr vielleicht vergeben, wenn sie demütig zu mir gekrochen käme und betteln würde. Es würde mir noch leichter fallen, wenn sie viel weinen würde. Ich wäre leichter bereit, ihr zu vergeben, wenn sie mir sagte, sie halte mich für ein Genie mit einem tollen Sinn für Mode und sie wolle eines Tages so werden wie ich. Aber nichts. Kein Anruf. Keine E-Mails. Keine großen Blumensträuße. Nichts. Warum soll ich jemandem vergeben, der nicht einmal auf die Idee kommt, dass er Vergebung nötig hat?

Weil ich will, dass meine Nacken- und meine Rückenmuskeln nicht länger wehtun. Weil ich schlafen will, statt endlose imaginäre Gespräche zu führen. Weil ich den Kopf wieder frei haben will. Weil ich mein Leben zurückhaben will. Weil sie nicht die Einzige ist, die an einem Haken hängt. Weil der Haken jedes Mal, wenn ich sie daran aufhänge, mich auch festhält.

Als ich Sarah erzählte, dass es in meinem Kopf ziemlich hart sei, wurde mir bewusst, dass ich die Einzige bin, die im Moment leidet. Mein Ärger verletzt nicht die Person, über die ich mich sehr ärgere, sondern er verletzt mich. Mein Freund Rory sagt, Bitterkeit sei, wenn ich Gift trinke und hoffe, der andere werde davon sterben. Meiner

Freundin geht es gut, glaube ich, aber *ich* taumle mit knirschenden Zähnen und geballten Fäusten durch einen Nebel aus Wut und warte auf ein Kräftemessen, das nie kommen wird, und auf eine Entschuldigung, die nie kommen wird.

Also lasse ich sie von dem Haken frei. Ich ließ sie herunter und fühlte mich dabei ziemlich gut, bis jemand beim Essen ihren Namen erwähnte und ich mich wieder neu über sie ärgerte. Das verstand ich nicht. Ich *habe* ihr vergeben. Warum bin ich immer noch so wütend auf sie? Ich kam mir vor, als hätte ich eine teure Antifaltencreme gekauft und wäre am nächsten Morgen mit noch mehr Falten aufgewacht. Ich wollte mein Geld zurück.

Ich begriff, dass ich sie immer wieder vom Haken holen musste, nicht nur ein einziges Mal. Ich musste sie am Morgen vom Haken nehmen und mittags wieder, als mir jemand einen Grund gab, mich erneut über sie zu ärgern. Immer wieder, den ganzen Tag, musste ich die anstrengende Arbeit verrichten und sie vom Haken holen. Es war, als schiebe man ein Klavier quer durchs Wohnzimmer, und wenn man am nächsten Morgen aufwacht, steht es wieder in der anderen Ecke, und ich muss es wieder hinüberschieben. Jeden Tag musste ich dieses schwere Klavier quer durchs Wohnzimmer schieben, auch wenn ich das erst am Tag zuvor gemacht hatte. Es war anstrengend, ihr immer wieder zu vergeben, bei jedem neuen wütenden Gedanken oder jedem schlechten Gespräch, aber es war eine gute Arbeit, ähnlich wie das gute Gefühl, wenn man Schnee kehrt oder die Blätter in der kalten Luft zusammenharkt.

Ich muss sie immer noch jeden Tag vom Haken holen, manchmal mehrmals am Tag. Nicht um ihretwillen, sondern um meinetwillen, weil ich von dem Haken herunterkommen will. Es ist eine schwere Arbeit, und ich will sie nicht machen. Aber ich mache sie immer wieder. Ich lasse sie immer wieder vom Haken, denn wenn ich das tue, kann ich wieder atmen.

Der schönste Moment des Sommers

Als meine Eltern ihre erste Verabredung hatten, gingen sie in South Haven, Michigan, am Pier spazieren. Beide hatten in ihrer Kindheit und Jugend viele Sommerabende und Wochenenden in dieser Stadt am See verbracht, beide hatten einen Vater, der gern auf dem See unterwegs war. Am selben Seeufer lernte ich schwimmen, windsurfen, segeln, tauchen. In derselben Stadt fand ich meine erste Arbeit, legte ich meinen ersten Zahn für die Zahnfee unter das Kopfkissen. Jetzt ist es die Stadt, in der wir unseren Kindern die ersten Schritte beibringen, in der sie zum ersten Mal im Sand spielen werden, in der sie zum ersten Mal auf den Schaukeln am Nordufer schaukeln werden.

Wenn der Sommer zu Ende geht, werden wir immer irgendwie nostalgisch, und spätestens Anfang September erstellen wir unsere Liste mit den besten Momenten in diesem Sommer. In einem Jahr erklärten wir den Tag zum besten Moment, in dem wir nach drei kalten, verregneten Tagen bibbernd, nass und enttäuscht das Schiff verließen, die Tür zum Yachtclub, dem einzigen trockenen Platz, den es noch gab, aufsperrten und hinter die Bar kletterten, um Getränke zu mixen, und einen Zettel auf der Bar liegen ließen, dass wir später zahlen würden. Wir breiteten unsere nassen Jacken und Vliespullover über den Kronleuchtern zum Trocknen aus und hinterließen auf den Fliesen hinter der Bar jede Menge matschiger Fußabdrücke.

In einem anderen Sommer war der beste Moment der Tag, an dem unser Freund Troy dem Wort »Bauchklatscher« eine neue Bedeutung gab. An einem wolkenlosen, heißen Sonntagnachmittag machte er einen so unvergleichlichen Bauchklatscher, dass jeder Teil seines Körpers, angefangen bei seinem kahlen Kopf bis hinunter zu seinen Fußsohlen leuchtend rot war. Wir lachen heute noch über Troy und seinen berühmten Bauchklatscher. Ehrlicherweise muss erwähnt werden, dass viele wertvolle Sachen in jenem Jahr an einem einzigen Wochenende ins Wasser fielen: eine Sonnenbrille, zwei Handys, ein MP3-

Player und ein Ring. Wenn wir den Fluss an der Stelle, an der wir immer unterwegs sind, trockenlegen würden, fänden wir bestimmt mehrere Sonnenbrillen von mir, einige Handys von meinem Bruder und jede Menge Autoschlüssel aus zehn Jahren.

In diesem Sommer mussten wir nicht lang überlegen, um den schönsten Moment zu finden. Wir waren uns alle einig: An einem herrlichen Samstagabend im Juli heirateten unsere lieben Freunde Jim und Jodi im Garten ihres Hauses, von dem aus man einen wunderbaren Blick auf den Fluss und hinaus auf den See hat. Die Braut wurde von ihrem Sohn, ihren Töchtern und Enkelkindern zum Altar begleitet. Der Bräutigam wurde von seinen Segelfreunden, darunter mein Bruder, begleitet. Sie sah in ihrem hellgoldenen Satinkleid wunderschön aus, und er war in seinem Leinenanzug von Kopf bis Fuß ein attraktiver Seemann. Der Garten war gefüllt mit Kerzen, Blumen, gebräunten Gesichtern und Sommerkleidern; eine Freundin machte Sushi, eine andere gebackenen Brie und wieder eine andere servierte Sekt. Aaron spielte Gitarre und sang ein romantisches Lied, als das Brautpaar im Abendlicht zwischen den Gästen nach vorne schritt. Es war für uns ein richtiges Familienereignis: Mein Vater leitete die Trauzeremonie, meine Mutter und ich halfen beim Essen und servierten unter einem weiten Sonnenschirm Getränke, der von unten mit funkelnden Lichtern beleuchtet wurde. Es flossen Freudentränen, als wir diese zwei Menschen feierten. Gleichzeitig feierten wir eine neue Familie, die in den letzten fünf Jahren hier in diesem Garten, auf dem Fluss und am Strand geboren worden und immer mehr gewachsen war.

In ihrem Eheversprechen, das sie selbst geschrieben hatten, sprach Jim von seinem Leben vor Jodi und davon, wie wichtig ihm seine Unabhängigkeit gewesen sei. Als er das sagte, lachten alle, weil dieser Satz die Untertreibung des Jahrhunderts war. Wir hatten mit eigenen Augen miterlebt, wie Jim ein Partner und Gefährte und darüber hinaus ein Vater und Großvater geworden war. Diese Verwandlung war für alle bewegend und sehr überraschend gewesen. Er selbst staunt am meisten darüber. Jahrelang arbeitete er viel, reiste viel, baute eine Firma auf, fuhr Ski und segelte nach Lust und Laune, ohne sich nach anderen richten zu müssen.

Doch dann kam Jodi, diese wunderbare Frau, deren ganzes Leben sich um ihre Kinder und Enkelkinder dreht. Das Leben, in das sie ihn einlud, drehte sich mehr um den Weihnachtsmann als um die Skisaison, mehr um einen Mittagsschlaf als um durchtanzte Nächte. Obwohl er einiges in den letzten Jahren abgelegt hat, wissen alle, die ihn lieben, dass der Mann, der an jenem Juliabend vor Jodi stand, der beste Jim ist, den wir je gesehen haben, und dass das, was er aufgegeben hat, nichts ist im Vergleich zu dem, was er gewonnen hat.

Im letzten Sommer war Kaj, Jodis Enkel, mit meinem Bruder Todd, meinem Vater und mir Bootfahren. Ich fragte ihn verschwörerisch: »Kaj, du kannst mir die Wahrheit sagen, wer ist deiner Meinung nach der bessere Seemann, Todd oder Bill?« Er schaute von einem zum anderen und sagte dann: »Jim!« Jim war an diesem Tag überhaupt nicht dabei, aber für Kaj ist er immer der Beste.

An jenem Abend wurde Jim Vater und Großvater, obwohl er eigentlich schon lange vor der Hochzeit Kajs Opa geworden war. Er war fünf Jahre lang immer mehr sein Opa geworden, als er mit ihm im Sand gespielt hatte, vom Boot ins Wasser gesprungen war und jedes Mal genau darauf geachtet hatte, dass Kajs Schwimmweste richtig zugeknöpft war.

Direkt nach der Trauzeremonie umarmte Jodis Tochter, Josilyn, Jim, als sie für einen kurzen Moment wieder im Haus waren. »Hallo, Papa«, sagte sie und versuchte, keine große Sache aus dieser Anrede zu machen. Aber beiden war klar, dass es eine große Sache war.

»Ich warte schon so lange darauf, das zu dir sagen zu können!«, sagte sie mit Tränen in den Augen. Genauso lang, wie er darauf gewartet hatte, es zu hören.

Genauso wie er in den letzten fünf Jahren immer mehr Kajs Opa geworden war, war er Josilyns Vater geworden, wenn er mit ihr Snowboard oder Boot gefahren war, wenn er ihr bei den Hausaufgaben geholfen oder beim Spielen zugeschaut hatte.

Dieser Abend bedeutete nicht einen Anfang, wie das bei manchen Hochzeiten der Fall ist. Es war viel besser. Es war eine Feier von etwas, das lange vorher angefangen hatte. Wir nahmen uns an diesem Abend nur die Zeit, diese wunderbare Sache zu feiern, die sich Tag für

Tag nach und nach entwickelt hatte und wie ein schlanker, zäher Stiel fast unbemerkt gewachsen war, bis man eines Tages bemerkt, dass es ein starker, großer Baum geworden ist, der unter seinen Zweigen Schatten und Schutz bietet.

Wenn zwei Menschen heiraten, die schon ein eigenes Haus, eine Firma, eine Familie, ihre Lebensmuster und Traditionen haben, ist das etwas Besonderes. Natürlich hat eine Hochzeit mit einer jungen Braut und einem jungen Bräutigam auch ihren Reiz und ist wunderschön mit der ersten eigenen Wohnung, dem ersten Geschirr und den ersten Handtüchern. Aber wenn zwei Menschen, die schon einige Schlaglöcher zu spüren bekommen haben, sich entscheiden, sich noch einmal auf eine Partnerschaft einzulassen, strahlt das eine andere Art von Schönheit und Kraft aus. Wo auf der einen Seite Naivität herrscht, findet man hier Nüchternheit. Wo eine junge Braut ihre Familie verlässt, bringt eine ältere Braut ihre Familie mit in die Ehe. Wo ein junger Bräutigam hofft, dass alles gut wird, weiß ein älterer Bräutigam, was er tun muss, wenn nicht alles gut ist.

Dieser Abend war etwas Heiliges und Schönes und hatte auch etwas Schweres an sich. Es war ein Fest nach einem schwer errungenen Sieg. Wir feierten die Bereitschaft zweier Menschen, wieder an die Liebe zu glauben, es noch einmal zu wagen, durch eine Tür zu gehen, von der beide geglaubt hatten, sie wäre für immer verschlossen. Wir tanzten, aßen Kuchen, stießen mit Sekt auf das Brautpaar an und erzählten verrückte Segelgeschichten, auch wenn jeder Anwesende diese Geschichten bestimmt schon tausendmal gehört hatte. Wir lachten, ließen die Kinder lang aufbleiben, betrachteten die Mastlichter an den Segelbooten im Hafen und ließen uns von ihnen und von der Schönheit und Hoffnung jener Nacht erfüllen.

Segen und Fluch

Uns passieren immer wieder unvorhergesehene Dinge, und wenn sie uns passieren, haben wir zwei Möglichkeiten. Aber egal, wie wir uns entscheiden, wir werden nie wieder so sein wie vorher, und das ist gut so. Diese Dinge können uns entweder alle falschen Sicherheiten rauben und uns stark und ehrlich werden lassen oder sie können uns als Grund dienen, verbittert zu werden und sie als Rechtfertigung für viele kaputte Beziehungen und zerstörte Ideale zu nennen. Sie können die Erfahrung sein, die alles andere in Gang setzt, die zugesperrte Schlösser in unserem Leben aufspringen und uns wie Blumen endlich aufblühen lässt. Oder sie können der Vorwand sein, mit dem wir unseren Ärger und unseren scharfen Ton für den Rest unseres Lebens rechtfertigen.

Einer meiner liebsten und ältesten Freunde, Jon, heiratete ein Mädchen, mit dem ich aufgewachsen war. Zwei Jahre später rief Jon mich mitten in der Nacht an, weil er E-Mails gefunden hatte, die ihm klarmachten, dass seine Frau ihn betrog. Kurze Zeit später verließ sie ihn. Kaum ein Jahr später waren sie geschieden. An dem Tag, an dem sie ihren Gerichtstermin hatten, organisierten wir eine Party für Jon, nicht, um die Scheidung zu feiern, sondern weil es uns einfach nicht richtig erschien, dass er vom Gericht allein in seine leere Wohnung zurückfahren sollte. Wir grillten im Garten, tranken eisgekühlte Margaritas mit Salzrand, saßen auf den Stufen hinter unserem Haus und schauten zu, wie die Mücken um das Verandalicht schwirrten.

Jon hatte jedes Recht, sein Leben von diesem Tag, von diesem Jahr, von dieser Frau, von diesem Verrat bestimmen zu lassen. Aber stattdessen tat er etwas Erstaunliches. Er öffnete sich und machte sich verwundbar für das Leben, für Gott, für eine Therapie und gute Freunde und wurde in vielerlei Hinsicht mehr, als er früher gewesen war. Er ist jetzt im positivsten Sinn sensibler. Wenn man mit ihm spricht, weiß man, dass er ganz unten war und sich wieder nach oben gekämpft hat.

Er hört aufmerksamer zu und betet, als spräche er mit seinem besten Freund. Ich hatte ihn jahrelang gut gekannt, bevor sie ihn verließ, und obwohl ich keinem Menschen den sengenden Schmerz wünsche, der ihm in jener Zeit ins Gesicht geschrieben war, glaube ich jetzt noch mehr an Gottes Güte als vorher, seit ich gesehen habe, was Gott durch dieses Ereignis in seinem Leben bewirkt hat.

Im Mai vor drei Jahren stand ich in einer Kirche und weinte vor Glück, als er Christina heiratete, eine schöne und kluge Frau, die ihn mit einer Beständigkeit liebt, die wie der Kiel eines Segelbootes ist. Sie lässt sich nicht leicht vom Weg abbringen, und das ist nach dem Zickzackkurs seines Lebens genau das Richtige für ihn. Ihre gemeinsamen Söhne, Gabe und Will, sind zwei Wunder mit grauen Augen. Jedes Mal, wenn ich Jon mit ihnen sehe, weiß ich, dass es zwar vielleicht so aussah, als wäre Gott in jenem Jahr, als Jon mich mitten in der Nacht anrief, grausam gewesen. Aber das stimmt nicht. Jetzt weiß ich, dass Gottes Liebe auch den tiefsten Verrat überwindet und immer, wenn wir ihm eine Gelegenheit dazu geben, aus dem Tod Leben entstehen lassen kann. Es gibt Dinge, die in unserem Leben alles aus den Grundfesten reißen. Wir sprechen von einem Fluch. Aber eines Tages, ein Jahr oder zehn Jahre später, erkennen wir, dass es in Wirklichkeit etwas ganz anderes war. Es war ein kostbarer Segen.

Heute ist es mitten am Tag sehr dunkel, es ist kalt und regnerisch. Mitten im Sommer glaubt man immer, der Sommer würde nie vergehen, es könne nie wieder kalt werden. Doch dann gibt es Tage wie heute, die uns daran erinnern, dass es wieder Winter werden wird. Die Blätter fangen an, sich zu verändern. Die Wolken sehen anders aus, als sie den ganzen Sommer lang ausgesehen haben; sie sind heller, aggressiver und bekämpfen die Sonne viel direkter als die Sommerwolken, die der Sonne anscheinend nur eine kurze Pause gönnen wollen. Diese Wolken meinen es ernst.

Der kaum merkliche Wandel der Jahreszeiten erinnert mich an den letzten Herbst. Mir fällt auf, dass sich mein Leben seit damals sehr stark verändert hat. Das Leben oder Gott oder etwas anderes – das soll nicht heißen, ich würde nicht glauben, dass Gott auf diese Weise handelt, aber ich will ihm einfach nicht sofort die Schuld für ein Vergehen zuschieben, das er nicht begangen hat – brach mir das Herz, aber gleichzeitig machte es oder er mich frei für das Leben, das ich mir immer gewünscht habe. Ich kann mein ganzes Leben, meine ganze Seele und mein ganzes Reden darauf konzentrieren, wie weh mir getan hat, was ich erlebt habe, oder ich kann dieses wunderbare Geschenk annehmen und damit loslaufen.

Der Tag, an dem ich meine Arbeit in der Gemeinde aufgab, war für mich der dunkelste Tag meines bisherigen Lebens. Es war wie ein Fluch, ein Schlag ins Gesicht, ein Stich mitten ins Herz. Es war, als hätte mich mein Glück für immer verlassen.

Aber der einzige Mensch, der entschieden hatte, dass mein Leben in Scherben lag, war ich selbst. Der einzige Mensch, der sich immer noch große Sorgen um das macht, was ich verloren habe, selbst wenn ich weiß, was ich dadurch gewonnen habe, bin ich. Ich hätte es nie so gewollt, aber ich habe etwas Strahlendes und Schönes bekommen, und ich stehe in großer Gefahr, es zu verlieren, es zu verspielen, ein Mensch zu werden, der das Gute, das direkt vor seiner Nase liegt, nicht sehen kann, weil ich zulasse, dass es von der Traurigkeit überschattet wird.

Doch nun zum Feiern. Feiern, wenn wir glauben, wir hätten alles im Griff? Mit Leichtigkeit. Feiern, wenn unser Plan aufgeht? Das kann jeder. Aber wenn uns bewusst wird, dass die Geschichte unseres Lebens auf tausend verschiedene Arten erzählt werden könnte, dass wir sie immer wieder als Tragödie erzählen könnten, uns aber entscheiden, sie ein Epos zu nennen, fangen wir an zu begreifen, was Feiern heißt. Wenn das, was wir vor uns sehen, so weit von dem entfernt ist, was wir erträumen, wir aber den Glauben, die Kühnheit und den Mut haben, es als schön statt als falsch zu bezeichnen, dann ist das Feiern.

Wenn wir uns tief und rückhaltlos in das Leben investieren können, das uns umgibt, statt zu verkünden, dass wir ein für alle Mal aus dem Spiel ausscheiden, weil das, was uns passiert ist, zu schlimm, zu schmerzlich, zu hässlich ist, als dass irgendjemand von uns erwarten könnte, dass wir weitermachen, dann sind wir an der richtigen Stelle. Dann sind wir an der Stelle, an der das, was wie ein Fluch aussah, zu neuem Leben erwacht, glänzt und tanzt, und uns wird staunend bewusst, dass es vielleicht die ganze Zeit schon ein Segen war. Vielleicht auch nicht. Vielleicht war es tatsächlich ein Fluch, aber die Kraft unseres Glaubens, unserer Hoffnung und unserer verzweifelten Liebe zum Leben hat aus einem Fluch Segen hervorgebracht, wie Wasser aus einem Stein, wie Leben aus einem Grab. Das zeigt Gottes Geschichte mit den Menschen immer wieder.

Ich käme nie auf die Idee, Ihnen sagen zu wollen, dass alles Schlechte in Wirklichkeit etwas Gutes sei und nur darauf warte, dass wir es mit neuen, anderen Augen sehen, um dann zu erkennen, wie fantastisch es ist. Aber ich weiß, dass ich selbst, mein Freund Jon und viele andere Menschen, die ich liebe, entdecken, dass oft – vielleicht nicht immer, aber sehr oft – etwas hinter dem Schmerz, hinter dem Fluch, hinter der Verzweiflung auf uns wartet und dass das, was da auf uns wartet, etwas Schönes ist. Anfangs wollen wir gar nicht, dass es schön ist. Wir wollen im Schmerz und in der Dunkelheit bleiben, weil uns das vertraut ist und weil wir uns als Opfer fühlen und leiden. Aber eines Tages wachen wir auf. Wir sind überrascht und gedemütigt und schauen das an, von dem wir sicher waren, dass es ein Fluch sei, und stellen fest, dass es sich als Segen offenbart – als schöner, zarter Segen.

Es gibt tausend Momente, in denen ich die Schwere und die Traurigkeit dieser Zeit deutlich spüre. Aber dann gibt es Momente, in denen ich auch den Segen und die Schönheit erkenne. Das Gesicht unseres Babys in der Ultraschallaufnahme zu sehen, mit Aaron Eis zu essen, bei Annette zu frühstücken und mit Spence spazieren zu gehen, heute nach dem Mittagessen im Café allein über den Pier zu schlendern. Diese Zeit hat eine besondere Schönheit, nicht die offensichtliche Schönheit, wenn alles perfekt ist, sondern eine ungewohnte, unerwartete Schönheit, die mich überrascht und mir die Sprache verschlägt wie ein Schluchzen oder ein Lied.

Alles Gute kostet seinen Preis. Wir müssen Dinge, von denen wir dachten, wir würden sie lieben, verlieren, Dinge aufgeben, von denen wir dachten, dass wir sie bräuchten. Wir müssen uns selbst überwinden, unsere Vergangenheit hinter uns lassen, die Last unserer Zukunft ablegen. Das Gute kommt nie, wenn alles glattgeht. Es kommt, wenn wir von einer schweren Last nach unten gedrückt werden. Es kommt dann, wenn wir schon nicht mehr daran glauben. Es ist ein bisschen so ähnlich wie das hell erleuchtete Las Vegas, das sich aus der trockenen Wüste erhebt, glitzernd und voll Energie, ein Segen, der sich aus einem knochentrockenen, staubigen Fluch erhebt.

Als ich in Santa Barbara wohnte, bekam ich jedes Mal, wenn ich nach Las Vegas fuhr, Angst, ich hätte mich verfahren, ich würde in der Wüste sterben und von Kojoten gefressen werden. Die Straße war so verlassen, die Tankstellen waren so unheimlich und still, dass ich jedes Mal fast die Hoffnung aufgab – es gibt kein Las Vegas, in dieser kahlen Wüste gibt es keine Stadt, wir werden hier am Straßenrand bestimmt sterben. Doch dann war sie jedes Mal wie eine Fata Morgana, wie ein Happy End, plötzlich da.

In diesen Momenten werden wir das, was wir sind. Ich habe eine Freundin, die, wenn es in ihrem Leben hart wird, zu einem Ereignis zurückkehrt, das ihr vor über zehn Jahren passiert ist. Sie benutzt diese Erfahrung, um liebloses Verhalten, kaputte Beziehungen, beängstigende Gefühlsschwankungen zu erklären. Aber wäre es nicht wunderbar und sähe es Gott nicht ähnlich, wenn diese furchtbare Sache ihr helfen könnte, sich selbst zu finden, das Beste in sich zu entdecken? Ich weiß, dass das möglich ist, weil es immer wieder passiert, weil mein Freund Jon es erlebt hat und weil ich selbst es erlebt habe.

IV

Gebete einer Mutter

Als Henry geboren war, lagen Aaron und ich in der ersten Nacht, nachdem wir wieder zu Hause waren, im Bett und lauschten einfach seinem Atem. Wir hatten eine kleine Wiege, die genau neben unser Bett passte, damit ich ihn in der Nacht stillen konnte. Ich wollte ihn sehen können, deshalb sagte ich zu Aaron, dass ich meine Leselampe anlassen wollte. Nur für die erste Nacht. Ich legte mich im Schein der Lampe auf mein Kissen und spähte in die kleine Wiege, aber ich hatte meine Kontaktlinsen herausgenommen und konnte eigentlich nichts sehen. Was hilft es, das Licht anzulassen, wenn man nicht erkennen kann, ob da ein Baby oder ein Brotlaib liegt? Also setzte ich meine Brille auf und fühlte mich gleich viel besser.

Zwei liebe Freundinnen, Ruth und Sara, kamen am nächsten Tag mit Strampelanzügen und Babyspielsachen zu Besuch. Sie stritten darum, wer ihn als Erste halten durfte, knuddelten ihn, wie Mütter das tun, sahen auf ihn hinab und erinnerten sich an die Zeit, als ihre eigenen Söhne, die jetzt große, lebhafte Jungen sind, so winzig gewesen waren. Sie fragten, ob ich in der Nacht gut geschlafen hätte. Ich erzählte ihnen, dass ich, nun ja, nicht ganz so gut geschlafen hätte. Sie wirkten besorgt, aber so, als verstünden sie das, es war ja die erste Nacht gewesen. Vielleicht, sagte ich, ähm, vielleicht könnte es ja daran gelegen haben, dass ich mit Brille und Licht geschlafen hatte. Sie lachten sich fast kaputt und gaben mir strenge Anweisungen für die nächste Nacht. Irgendwann in der Nacht, sagten sie, müsse ich das Licht ganz ausschalten. Wir sollten darauf hinarbeiten, es immer länger aus zu lassen, bis es die ganze Nacht aus sei.

Henry kam im Oktober zur Welt, aber es war ungewöhnlich kalt, und in der Woche, in der er nach Hause kam, schneite es. In unserem zugigen, alten Haus machte ich mir ein wenig Sorgen, ob es warm genug für ihn sei. Unser Babymonitor hat eine Temperaturanzeige. Ich trug das Teil auf der Suche nach kalten Stellen durch das ganze

Haus und wachte ungefähr jede Stunde in Panik auf, weil ich Angst hatte, der Heizkessel sei ausgefallen, die Heizung hätte sich abgeschaltet und unser neugeborener Sohn verwandle sich in einen kleinen Eiszapfen. Um sicherzustellen, dass dies nicht passieren würde, drehte ich die Heizung in unserem Schlafzimmer so hoch, dass man darin einen Kuchen hätte backen können. Die Heizung lief auf Hochtouren, meine Hormone liefen auf Hochtouren, und ich schwitzte die ganze Nacht, als wären wir in einer Sauna. Aaron war gereizt, schwitzte und war müde, aber er war klug genug, sich nicht mit einer Frau anzulegen, die so reizbar und unsicher war und so viele Hormone hatte, dass man damit eine Rakete zum Mond hätte schießen können. Man sollte Infanteriesoldaten, Astronauten und Profifußballern diese Hormone spritzen, wenn sie ihre Leistung ankurbeln müssen. Aaron war froh und erleichtert, als der Kinderarzt uns schließlich sagte, wenn wir uns bei einer gewissen Temperatur wohlfühlten, würde sich das Baby wahrscheinlich auch wohlfühlen. Ich drehte die Heizung langsam immer weiter zurück, bis es für uns alle drei erträglich wurde, und hatte am Ende fünfzehn Grad weniger als am Anfang.

An einem verschneiten Montag, als er fast drei Monate alt war, blieben Henry und ich nach einer anstrengenden Woche und einem gefüllten Wochenende zu Hause und zogen den ganzen Tag unsere Pyjamas nicht aus. Ich bestückte die Waschmaschine und den Trockner, während er schlief, und wenn er wach war, spielten wir miteinander. Er kann etwas Neues, das mich völlig begeistert. Wenn ich meine Zunge herausstrecke, streckt er seine Zunge auch heraus. Dann lächelt und lacht er, ein gurgelndes, sabberndes Lachen, bei dem seine blauen Augen leuchten und ich ganz sicher bin, dass er viel mehr weiß, als er verrät. Es gibt Momente, in denen ich schwören könnte, dass er jedes Wort versteht, das ich sage, weil er mich dann mit einem Gesicht anschaut, das zu sagen scheint: »Ich habe dich gehört. Ich verstehe, was du sagst, Mama.« Wir streckten stundenlang die Zunge heraus. Er wird wahrscheinlich der nächste Gene Simmons.

Wenn ich ihm die Windeln wechsle, rede ich mit ihm über den Tag und erzähle ihm, was gerade in der Welt so passiert. An jenem Tag sprachen wir über Gwens und Gavins Baby Kingston und dass er so viel Ähnlichkeit mit Gavin habe. Bevor ich ihn wieder in seinen Strampelanzug steckte, kitzelte ich seine Beine und seinen Bauch, ich beugte mich vor und küsste seine Fußsohlen, weil sie so weich, so perfekt und so knuddelig sind. Ehe ich mich versah, liefen mir Tränen über das Gesicht, und ich weinte so sehr, dass ich nicht länger mit ihm sprechen konnte.

Ganz allein in unserem Haus mit meinem Sohn, mitten in der hektischen Weihnachtszeit, wusste ich, dass dieser Moment in der dämmrigen Ecke des Wohnzimmers an einem dunklen Montagnachmittag für mich der schönste Weihnachtsmoment war. Dieser bewegende Moment, der mich mit Dankbarkeit und Hoffnung erfüllte, geschah hier, in unserem stillen Haus mit meinem Sohn, als ich seine kleinen Babyfüße küsste.

Die Weihnachtszeit ist eine Zeit für Babys. Ich begreife ganz neu, was es heißt, dass Gott sein göttliches Wesen in Babyknochen und Babyhaut gewickelt hat. Ich dachte immer, damit wollte er seine Verwundbarkeit zeigen oder sich voll und ganz mit jeder Phase des Menschseins identifizieren, aber jetzt glaube ich, dass es einen anderen Grund hatte. Ich glaube, der Grund ist, dass Babys uns an die Möglichkeiten und die Macht der Zukunft glauben lassen.

Christus, der Messias, kam als Baby auf die Welt, nicht weil ein Baby so hilflos ist, sondern wegen der Möglichkeiten, die jedes Baby verspricht. Wir haben ein normales Baby, keinen Christus, keinen Messias, aber wenn ich in sein schlafendes Gesicht schaue, erscheint mir die ganze Welt neu und voller Möglichkeiten.

Die Welt hat eine Farbe angenommen, die ich mir nie vorstellen konnte. Ich hätte mir nie träumen lassen, dass dieser kleine Mensch mich so tief ergreifen könnte, dass er mein ganzes Leben so vollständig umkrempeln könnte. In diesem Jahr habe ich einiges verloren, das mir sehr wichtig war, aber als ich in diesem Moment seine kleinen Füße in der Hand hielt, wusste ich, dass ich alles hatte, was die Welt mir je geben kann, dass ich reicher war als Rockefeller und glücklicher als irgendein anderer Mensch auf der Welt. Das Leben schleicht sich hin und wieder an uns heran und schenkt uns etwas, von dem wir nicht einmal wussten, dass wir es wollten, und entfacht in uns eine Liebe, von der wir nicht wussten, dass es sie überhaupt gibt.

Ich staune über diese Intimität, über diese starken Gefühle. Ich glaube, ich würde den Verstand verlieren, wenn meinem Kind etwas zustoßen sollte, mein Herz würde stehen bleiben, wenn ihm Schmerzen zugefügt würden. Ich will ihn berühren, ihn halten, ihn wie eine Bärin oder eine Hündin mit panischer, wilder Liebe beschützen. Ich werde nachts von starken, unbeschreiblichen Gefühlen geweckt und zittere. In anderen Augenblicken, wenn die Welt so richtig, so gut und perfekt aussieht, muss ich einfach beten.

Ich glaube, Babys helfen uns wirklich, an Gott zu glauben. Sie helfen uns, an Gott zu glauben, weil an ihrer Frische und Zerbrechlichkeit, an ihrem Geruch und ihren Zehen etwas ist, das wir nicht ganz begreifen können. Wenn sie ihren ersten Atemzug machen, wenn sie im Kreißsaal blutverschmiert auf unseren Bauch gelegt werden, wenn wir sie schlafen sehen, wenn wir ihr dünnes, herzzerreißendes Weinen hören, wissen wir einfach in der Tiefe unseres Wesens, dass Gott real ist und dass Babys ihm viel näher sind, einen engeren Bezug zu ihm haben als wir Erwachsenen.

Außerdem glaube ich an Gott, weil ich nicht anders kann, weil ich jemanden brauche, zu dem ich mit meiner wilden, chaotischen Mischung aus Angst und Liebe beten kann. Ich muss an Gott glauben, denke ich, da ich sonst wahrscheinlich den Verstand verlieren würde. Ich fürchte, ich würde jede Nacht durchdrehen, wenn ich Henry nicht Gott anvertrauen könnte, während ich schlafe. Es fällt mir auch so schon schwer genug, einzuschlafen, und ich glaube inständig an Gott. Wenn ich das nicht täte, könnte ich keine Sekunde schlafen.

In jenen ersten Nächten betete ich jede Nacht laut und bat Gott, Henry die Nacht gut überstehen zu lassen. Ich hatte keinen Grund zu glauben, dass ihm etwas zustoßen könnte. Er war gesund und normal, obwohl *gesund* und *normal* relative Begriffe sind, weil ein Baby so winzig, zappelig und fremd ist. Also betete ich laut und leidenschaftlich, als befände ich mich bei einer Evangelisation. »Lieber Gott, *bitte, bitte, bitte* mach, dass unser Baby in der Nacht gesund und am Leben bleibt. *Danke, danke, danke,* dass wir ihn haben, und *bitte,*

bitte, bitte beschütze ihn in der Nacht.« Meine Sprache war nicht besonders kreativ; aber das, was mir an Worten fehlte, machte ich durch Eindringlichkeit wett. Ich wurde in meinen Gebeten geradezu zum Fernsehevangelisten. Babys bringen in uns allen anscheinend den verborgenen Charismatiker zum Vorschein.

Wenn Leute ein Kind haben, hört man sie immer wieder sagen, dass sie, ohne zu zögern, ihr Leben für ihr Kind geben würden. Wenn ich jetzt meinen Sohn anschaue, muss ich sagen, dass das hundertprozentig stimmt. Ich würde alles hergeben, ich würde, ohne nachzudenken, mein Leben geben, wenn er dadurch unbeschadet bliebe.

Aber mir wird bewusst, dass es ein furchtbares Problem gibt: Höchstwahrscheinlich werde ich dazu keine Gelegenheit bekommen. Wenn ich genauso, wie man unterschreibt, dass man Organspender sein will, einen Ausweis dafür ausstellen könnte, würde ich das sofort tun, und jedes Mal, wenn meinem Sohn etwas zustoßen könnte, könnte ich meinen Ausweis zücken, und der Hund würde mich beißen statt ihn. Ich könnte meinen Ausweis zücken, und der Krebs würde meinen Körper treffen und nicht seinen. So sollte es sein, weil ich das jedes Mal tun würde. Das würde jede Mutter und jeder Vater tun. Das Furchtbare ist, dass ich das nicht tun kann. Er wird krank werden und er wird verletzt werden, und ich kann nichts dagegen tun, abgesehen davon, dass ich ihn in ein sicheres Glashaus setzen könnte, wo ihm nichts zustoßen kann.

Ich erinnere mich, dass meine Mutter sagte, als ich geboren wurde, habe sie erst wirklich gelernt zu beten, aus Notwendigkeit und aus Angst. Jetzt verstehe ich sie. Das ist mein neues Gebet, mein Muttergebet: Lieber Gott, *bitte, bitte, bitte* und *danke, danke, danke.*

Der Sportstar

Mein Vater ging in Kalamazoo, Michigan, mit Joel Jager in den Kindergarten. Sie wuchsen in derselben Kleinstadt auf, gingen in dieselbe Gemeinde, in dieselbe Schule. Als mein Vater nach Chicago zog, zog er mit Joel dorthin. Sie teilten sich jahrelang ein Zimmer. Auf den Fotos von meinem ersten Geburtstag spielen Joel und die anderen Freunde meines Vaters mit meinen Spielsachen und grinsen in die Kamera. Raue, bärtige Männer Anfang zwanzig, mit Ausnahme meiner Eltern alle unverheiratet und kinderlos. Ich war das erste Kleinkind weit und breit, die erste Nichte oder so etwas Ähnliches.

In den Anfangstagen der Gemeinde, die sie gründeten, als sie noch eine flügge gewordene Jugendgruppe waren, die sonntagmorgens ein Kino mietete, war Joel der erste technische Leiter – der einzige technische Leiter jahrelang. Er belud und entlud tausendmal den Lastwagen, stand auf, wenn es am Sonntagmorgen noch dunkel war, und wartete, bis am Sonntagnachmittag alle gegangen waren, um dann die ganze Ausrüstung wieder abzubauen. Er ist jetzt seit über dreißig Jahren Tontechniker in der Gemeinde. Als ich dort arbeitete, saßen wir manchmal zusammen in der Kabine, wenn er den Ton mischte und ich inszenierte, und es war für mich, wie bei einem Onkel zu sitzen, bei einem Menschen, der meine Geschichte besser kennt als ich selbst, einem Menschen, der bei den Geschichten dabei war, die ich später erzählt bekam.

In diesem Jahr geht Joels Sohn, Evan, das letzte Jahr an die Highschool. Er ist ein sehr guter Läufer. Besser gesagt, er ist ein Star. Er hat jedes Rennen auf Stadt-, auf Regional- und auf Bezirksebene gewonnen, das er gelaufen ist. Viermal wurde er Sieger bei Wettkämpfen auf Bundesstaatsebene, er hat mehrere Rekorde aufgestellt und wurde in diesem Jahr sowohl auf der Strecke über eine Meile als auch über zwei Meilen landesweit Vierter. Die *Chicago Sun-Times* nannte Evan den wahrscheinlich besten Athleten, den die Jacobs Highschool je hervorgebracht hat. Mein Mann ist als ehemaliger Schüler der Jacobs Highschool ein wenig beleidigt, da er seiner Erinnerung nach ein unbesungener Held seiner Basketballmannschaft war, aber als er hörte, dass Evan die Meile in 4:05 gelaufen war, gestand er ihm wohl oder übel diesen Titel zu. Evan ist ein Phänomen, eine seltene Kombination aus Naturtalent, Entschlossenheit, Disziplin und Sportsgeist. Aus diesen Gründen ist er einer der meistgefeierten und höchstgelobten Highschool-Sportler im Land.

Sein Vater, Joel, konnte nie laufen. Joel hatte als kleines Kind Kinderlähmung und humpelt seitdem beim Gehen. Ich weiß noch, dass ich als kleines Kind sehr traurig und wütend war wegen Onkel Joels Beinen, weil ich wollte, dass er gesund und stark ist, weil ich wollte, dass er glücklich ist, weil er so gut zu mir war und mich glücklich gemacht hat.

Und jetzt Evan. Wie muss es für Joel sein, seinen Sohn laufen zu sehen? Wie muss es für ihn sein, wenn er die starken, schnellen Beine seines Sohnes sieht? Wie stolz und bewegend muss es für einen Vater sein, wenn sein Sohn ein Leben führt, das ihm selbst verwehrt geblieben ist? Ich tue nicht so, als wüsste ich, wie das für Joel ist. Ich weiß nicht, welcher Verzicht wohl am schwersten fällt, das Laufen, das Skifahren oder das Tanzen. Okay, ich kenne Joel gut genug, um zu wissen, dass es nicht das Tanzen ist. Ich schätze, zu den schmerzlichsten Augenblicken zählten die Situationen, in denen er mit seinen Kindern spielen wollte, in denen er mit ihnen durch den Garten laufen, Fangen und Verstecken spielen wollte. Ich weiß, dass er, wenn er sich überlastet, danach tagelang starke Schmerzen hat; und ich möchte wetten, dass er sich immer wieder überlastet hat, um mit seinen Kindern zu spielen, und ich möchte wetten, dass er die Schmerzen dafür gern auf sich nahm. Ich weiß es nicht. Aber ich weiß, dass Joel auf diesen Jungen stolz ist. Und dass er Evan gern laufen sieht.

Manchmal erscheint uns das Leben so ermüdend, so ohne Poesie, ohne Schönheit und zusammenhanglos. Wir lassen die Zeit einfach verstreichen, warten auf den Frühling, warten auf das Wochenende, warten auf den Urlaub. Ich war eines Tages in der Nähe meiner Heimatstadt unterwegs und fühlte mich irgendwie leer und ausgelaugt.

Am Rand der Randall Road, von den grellen Lichtern der Parkplatz-beleuchtung eines Einkaufszentrums fast in den Schatten gestellt, erblickte ich plötzlich ein Schild. Auf dem Schild stand: *Algonquin, Heimatstadt von Evan Jager, Sieger des Illinois-Laufs 2006, 2007.*

Das Leben bekam schlagartig wieder Farbe. Mir traten Tränen in die Augen. Evan Jager ist ein Sportstar. Wenn das nicht Schönheit und göttliches Eingreifen hinter den Kulissen ist, das unser Leben mit Poesie erfüllt! Diese Erkenntnis hilft mir, heute wieder neu an Gott zu glauben. Dass mein Freund Joel, mein lieber Onkel Joel, einen Sohn hat, der schnell laufen kann. Danke, Gott.

Danke, Gott, für alles, was du heil machst, für alles, was du erneuerst, für alles, was du nicht so lässt, wie es anscheinend immer war. Danke für Evan und dafür, dass du Joel einen Sohn gegeben hast, der laufen kann. Die Poesie, die darin steckt, verblüfft mich und erinnert mich erneut daran, dass es nicht stimmt, wenn wir meinen, wir würden einen Tag nach dem anderen wie Dinge auf einer To-do-Liste abhaken. Wir erleben den strahlenden, schönen Stoff, aus dem Filme und Liebeslieder geschrieben werden, und zwar in unserem eigenen Garten, bei Sportwettkämpfen der Schule und mitten auf der Randall Road.

Marienkäfer

Ein Baby zu haben ist anstrengend. Ich weiß, dass das alle Eltern sagen. Alle haben recht. Man sollte Leuten, die im Verdacht stehen, Terroristen zu sein, auf Neugeborene aufpassen lassen. Ich garantiere Ihnen: Nach spätestens drei Tagen, in denen das Baby sie rund um die Uhr alle zwei Stunden aus dem Schlaf reißt, geben sie allen Widerstand auf und gestehen alles.

Mein Schwager ist Leadsänger einer Metal Band, die sich Eleventh Day, Elfter Tag, nennt. Sie nennen sich Elfter Tag, weil man, wenn man zehn Tage unter Schlafentzug steht und am elften Tag ein Verbrechen begeht, auf Schuldunfähigkeit plädieren kann. Wenn das stimmt, dann dürften Eltern von Neugeborenen bewaffnete Raubüberfälle begehen und dann achselzuckend auf den Babysitz hinten in ihrem Fluchtwagen deuten. Aber ob wir die Energie aufbrächten, ein Verbrechen zu begehen! Ich bringe nicht einmal die Energie auf, meine Augenbrauen zu zupfen. Ich schaue aus wie Woody Allen in einem Still-BH.

Als ich heute Morgen um drei, um fünf und um sieben mit Henry auf war, fielen mir Dinge ein, die mir tiefschürfend vorkamen und die aus einer Quelle der Weisheit zu fließen schienen, die mir gegeben ist, seit ich Mutter bin. Ich schrieb sie nieder, weil viele Schriftsteller sagen, wie wichtig es sei, Gedanken sofort festzuhalten, wenn sie einem durch den Kopf gehen. Das passiert natürlich grundsätzlich dann, wenn man gerade nicht am Computer sitzt. Ich habe also einen Stapel leuchtend grüner Zettel auf dem Nachttisch liegen, und wenn Henry nachts wieder einschläft, schreibe ich diese Visionen auf, die ich im Kopf bewegt habe, während ich ihn stillte. Das Problem ist nur, dass mir am Morgen immer klar wird, dass ich den Verstand verloren haben muss. Auf den Zetteln stehen dann solche Dinge wie: »Iron Chef/Professor Poopypants – Überleitung zu Exodus.« Und »Gemeinsamkeiten von Che Guevara und Snoopy; Kuchen mit einbauen.«

Mein Leben ist viel ruhiger geworden. Wenn man in einem Team arbeitet, einen Vorgesetzten, Projekte und Termine hat und etwas geschafft hat, sagt meistens irgendjemand: »Gut gemacht.« Oder: »Danke.« Oder: »Wow, das war eine gute Idee.« Aber Henry schaut mich nie an, wenn ich seine Windel wechsle, und sagt: »Gute Arbeit mit den Feuchttüchern, Mama. Sehr gründlich.« Er schaut mich nicht an, wenn ich versuche, ihn nachts wieder dazu zu bringen einzuschlafen, und flüstert: »Sagenhafte Technik mit dem Summen und Wiegen. Du bist ein Genie.«

Es interessiert Henry nicht die Bohne, ob ich Französisch sprechen oder Sätze erklären oder wirklich guten gegrillten Lachs zubereiten kann. Ihn interessiert nur, dass ich bei ihm bin, solange er mich braucht. Ihn interessiert, dass ich mit Froggie, seinem Lieblingsspielzeug, spielen kann. Und noch einmal und noch einmal und noch einmal, immer wieder.

Mein ganzes Leben lang habe ich mehrere Dinge gleichzeitig gemacht. Ich beherrsche das wirklich gut. Ich will nicht prahlen, aber ich bin wirklich gut im Multitasking. Doch plötzlich ist es von einem Tag auf den anderen nicht mehr wichtig, mehrere Dinge gleichzeitig machen zu können, sondern es geht darum, eine einzige Sache zu machen – bei ihm zu sein, nur bei ihm, und nichts anderes zu tun.

Beim Schreiben ist es das Gleiche. Ich war in meiner Arbeit in der Gemeinde gut. Ich war gut darin, ständig unterwegs zu sein, ein Team zu leiten, Veranstaltungen und Ideen zu organisieren. Dabei kam mir sehr zugute, dass ich viele Sachen wie eine Handvoll Marienkäfer auf einmal im Blick behalten konnte. Doch beim Schreiben geht es darum, die ganzen Käfer fliegen zu lassen und mich auf eine leere Seite zu konzentrieren. Beim Schreiben geht es darum, sich für eine Sache zu entscheiden und an ihr dranzubleiben, statt allen Irrungen und Wirrungen in meinem Kopf nachzugehen.

Ich dachte, jede dieser zwei Aufgaben – sich um unser Baby zu kümmern und zu schreiben – würde meine Welt sehr klein machen. Aber ich stelle fest, dass sie meine Welt unglaublich groß machen, dass sie in meinem Kopf und in meinem Herzen etwas öffnen.

Im Haus meiner Großeltern hingen Kristalle an einer Angelschnur über der Küchenspüle. Sie waren wie kleine Schmuckstücke. Das Licht fing sich darin, und wenn die Sonne am Morgen durch das Fenster fiel, war die ganze Küche von hellen, tanzenden Regenbögen erfüllt. Wir staunten über diesen schönen, faszinierenden Anblick. Es war für uns als Kinder ungewöhnlich und überraschend, dass sich Omas ordentliches, sauberes Haus mit seinen gesaugten Teppichen und zarten Spitzendeckchen in so einen wilden, schönen Ort mit diesen ganzen springenden Farbspielen verwandeln konnte. Es war, als hätte sie eine Diskokugel in der Küche hängen. Wir kicherten und hüpften vor Freude über diese Schönheit.

So ist es auch jetzt. Die einfachen Dinge, dieses kleine Kind und dieser leere Computerbildschirm verwandeln das Wohnzimmer in ein Märchenland, in dem unerwartet Schönheit, Farben und Lichtbögen auftauchen und tanzen.

Mein Gewicht und ich, zum Zweiten

Ich schulde meinem Körper eine Entschuldigung. Genauer gesagt, schulde ich meinem Körper zigtausend Entschuldigungen für die zigtausend Mal, in denen ich ihn anklagte, ihn einengte, ihn quälte, ihn aushungerte, ihn vollstopfte, mich über ihn lustig machte, Lügen über ihn erzählte, ihn versteckte, ihn hasste. Heute schulde ich ihm wieder eine Entschuldigung, und ich schulde ihm meine Dankbarkeit. Diese Dankbarkeit ist längst überfällig und zum ersten Mal ehrlich gemeint.

Es tut mir leid, dass ich dich als selbstverständlich hingenommen habe, dass ich mir gewünscht habe, du wärst anders, und dass ich dich misshandelt habe, weil du anders ausgesehen hast, als ich das wollte. Es tut mir leid. Und danke. Danke, dass du trotz meiner schlechten Behandlung stark und zuverlässig bist. Danke, dass du meinen Sohn ausgetragen, geboren und gestillt hast.

Wenn der Körper von Liebe und Harmonie mit dem Geist, der in ihm wohnt, leben würde, wäre meiner schon längst gestorben. Ich habe ihn jahrzehntelang mit einer ständigen Diät aus Hass, Gift und fettfreiem Pseudoessen gefüttert. Jemand fragte mich vor Kurzem, wann meine schlechte Beziehung zu meinem Körper begonnen habe. Ich erinnere mich daran, dass ich damals in Disneyland war. Ich trug eine kurze, gelbe Cordhose mit einem elastischen Regenbogengürtel, an dem ein winziger Plastikgeldbeutel hing. Ich erinnere mich, dass ich dort auf der Toilette in meiner Kabine stand, mich schämte und über meine Beine ärgerte, sie peinlich fand und das Gefühl hatte, meine gelbe Hose sei zu kurz. Ich war damals sechs.

Armes Mädchen. Armer Körper. Das, was mein Körper durchgemacht hat, bringt mich jetzt zum Weinen. Wenn ich mit fünfzehn oder zwanzig gewusst hätte, was mein Körper mit dreißig leisten würde, wäre ich vielleicht barmherziger mit ihm umgegangen. Vielleicht aber auch nicht. Sie hätten mir sagen können, dass ich mit dreißig ein Dutzend zehn Pfund schwere Babys zur Welt bringen würde, aber mit fünfzehn hätte ich Sie trotzdem nur ganz ernst angeschaut und gefragt: »Aber welche Hosengröße habe ich, wenn ich vom Krankenhaus heimfahre?«

Ich war immer ein wenig nervös, was Schwangersein anging. Erstens war da die allgemeine Nervosität, ob ich überhaupt schwanger werden könnte. Wir schlucken jahrelang diese kleinen Pillen, um nicht schwanger zu werden, und dann finden viele Frauen heraus, dass sie diese Pillen überhaupt nicht gebraucht hätten. Mich erfüllte eine ernste, tiefe Dankbarkeit, als ich schwanger wurde. Gleichzeitig war ich ein wenig nervös, weil meine Mutter während der Schwangerschaft unter sehr starker Übelkeit gelitten und weil sie mehrere Fehlgeburten gehabt hatte. Aber mir wurde eine leichte Schwangerschaft geschenkt – leicht im Vergleich zu dem, was andere in der Schwangerschaft durchmachen. Mir war fast nie schlecht und ich hatte nie Schmerzen.

Ich war jedoch so dick wie ein Elefant und hatte am Ende so starkes Sodbrennen, dass ich im Sitzen schlief und auf dem Nachttisch wie Zinnsoldaten Tabletten gegen Sodbrennen aufgereiht hatte. Im Großen und Ganzen ist ein bisschen Sodbrennen natürlich nichts im Vergleich zu größeren Komplikationen, und dafür bin ich dankbar.

So kam es, dass dieser Körper, auf den ich über zwei Jahrzehnte lang wütend war, dieser Körper, der mich immer wieder betrogen hatte, dass dieser Körper ganz plötzlich einen anderen Körper in sich trug, ihn wachsen ließ und ernährte. Diese eigensinnige Ansammlung aus Knochen und Fleisch wurde ein Zuhause, Wohnraum für einen völlig neuen Menschen in der wichtigsten Zeit seines Lebens. Ich staunte und war gedemütigt.

Während ich beobachtete, wie mein Bauch immer dicker wurde, war ich einerseits sehr unsicher. Schwanger zu sein hatte gefährlich viel Ähnlichkeit damit, fett zu sein. Scham und Schuldgefühle meldeten sich wieder, das Gefühl, die Kontrolle verloren zu haben, als befände ich mich in einem Verkehrsunfall und schlitterte unaufhaltsam auf etwas zu, mit dem ich schon so oft zusammengeprallt war.

Ich redete mir die Dinge ein, die ich meinen Freundinnen immer gesagt hatte, wenn sie schwanger waren und sich Sorgen machten, weil sie dick wurden. Ich sagte mir, einen kleinen Menschen in sich wachsen zu lassen sei eine heilige Sache, und die Kraft, die man brauche, um einen Menschen wachsen zu lassen, sei so viel wichtiger als die Frage, wie ich dabei aussehe. Ich sagte mir, eine Schwangerschaft sei etwas Schönes, weil sie ein Symbol für neues Leben und neue Möglichkeiten sei. Ich sagte mir das alles, und obwohl mein Verstand dem allen zustimmte, fällt es mir jetzt, seit ich nicht mehr schwanger bin, viel leichter, das zu glauben.

Aber noch schlimmer als schwanger zu sein ist es, gerade nicht mehr schwanger zu sein. Man sehnt sich schlagartig danach, wieder schwanger zu sein, und das aus zwei Gründen. Erstens, weil ich, solange ich schwanger war, wenigstens einen sehr guten Grund dafür hatte, wie Pu der Bär auszusehen, und zweitens, weil ich, als ich schwanger war, nicht jedes Mal, wenn mein Baby mitten in der Nacht Hunger hatte, aufstehen musste.

Zu den herrlichsten Dingen direkt nach Henrys Geburt gehörte eine heiße Dusche. Ich glaube, das war eines der wenigen Male, in denen ich mich seitdem wirklich allein gefühlt hatte. Ich duschte sehr lang, sehr heiß, mit viel Lavendelseife. Ich stand einfach unter dem Wasserstrahl, bis kein heißes Wasser mehr kam. Das einzige Problem beim Duschen war, dass ich mich dazu ausziehen musste. Ich weiß nicht, wer dankbarer dafür ist, dass dies ein Buch und kein Film ist, Sie oder ich, aber Sie können mir glauben: Der Schaden ist groß und unübersehbar. Ich habe Schwangerschaftsstreifen, die aussehen, als hätte ein Werwolf versucht, in meinem Bauch nach einem verborgenen Schatz zu graben, und es sieht aus, als trüge ich die ganze Zeit eine große Packung Wackelpudding unter meiner Kleidung.

Die Weihnachtsfeiern überstand ich mit genügend strategischer Unterwäsche und optischen Täuschungen ganz gut, aber im Urlaub nach Weihnachten konnte ich mich nirgends mehr verstecken. Die Freundin meines Bruders begleitete uns, eine liebe Frau, die viel Sport treibt und bestimmt keinen Pudding unter ihrem T-Shirt versteckt. Das trug nicht gerade zur Stärkung meines Selbstvertrauens bei. Ich bin froh, dass sie dabei war, aber unter uns gesagt: Irgendwie hätte ich mir gewünscht, sie wäre viel fetter.

Ungefähr drei Monate nach Henrys Geburt traf ich eine Frau beim Einkaufen. Sie sagte mir, dass ich hübscher aussehe als früher vor der Schwangerschaft. Wie konnte sie nur etwas so Sonderbares und Unnötiges sagen? Ich bin sicher nicht hübscher als früher, schon gar nicht mit den schwarzen Ringen unter meinen Augen. Aber irgendwie begreife ich allmählich, was sie meinte. Ich bin anders als früher. Anders in meiner Haut und in meinen Knochen, aber vor allem sehe ich mich selbst mit anderen Augen.

Ich habe einen neuen Respekt vor meinem Körper, vor jedem Körper, der ein Baby ausgetragen hat. Wenn ich jetzt schwangere Frauen in der Nachbarschaft oder im Supermarkt sehe, denke ich daran, wie stark und kräftig diese Körper sind, was für eine Leistung sie vollbringen. Außerdem denke ich barmherzige, liebevolle Gedanken über diese Frauen, weil ich weiß, dass ihre Schwangerschaftshosen wahrscheinlich rutschen, dass ihre Schuhe wahrscheinlich drücken und sie wahrscheinlich auch Sodbrennen haben.

Mein Denken und mein Körper wurden durch das Erlebnis der Geburt deutlich verändert. Was ein Körper in diesen Momenten leistet, ist unvorstellbar. Ich bin eine ängstliche, zimperliche Frau, die beim Anblick von Blut in Ohnmacht fällt und sich beim Geburtsvorbereitungskurs übergeben musste und den Rest des Films vom Flur vor der Damentoilette verfolgen musste, aber wenn ich die Erfahrung von Henrys Geburt jeden Tag neu durchleben müsste, würde ich das auf jeden Fall machen. Es war heilig, überwältigend und voll Schönheit und Gebet. Der Umstand, dass dieser Körper das schaffen konnte, lässt alle Stimmen verstummen, die ihn jahrelang angebrüllt und angeklagt haben. Dieser Körper sieht äußerlich vielleicht nach nicht viel aus; und glauben Sie mir, jetzt nach der Entbindung tut er das wirklich nicht. Aber an jenem Tag hat er etwas Großartiges geleistet, und dafür bin ich dankbar. Deshalb möchte ich mich aufrichtig bei meinem Körper entschuldigen.

Mit Bleistift schreiben

Ich bin vor Kurzem dreißig geworden, und ich bin endlich bereit, etwas in Bezug auf mein Leben zuzugeben: Ich hätte mit Bleistift schreiben sollen. Ich hätte den Lauf meines Lebens als Geheimnis oder als etwas Unbekanntes betrachten sollen. Ich hätte vorsichtig, hypothetisch planen und Worte wie »vielleicht« und »möglicherweise« benutzen sollen. Stattdessen meißelte ich bei jeder Gelegenheit in Stein und schreib mit Edding. Ich stellte mich auf meine Zukunft, auf das, was ich wusste, auf das Wissen, was das Leben bestimmt für mich bereithielte, wie auf einen Felsen. Inzwischen weiß ich, dass es kein Felsen ist, sondern eher wie ein fliegender Teppich, eine wackelige, schaukelnde, rutschende Angelegenheit, zu gleichen Teilen gefüllt mit Schönheit und mit Schrecken. Der Boden unter meinen Füßen wackelt und ruckelt, und jedes Mal, wenn ich nach unten schaue, taucht etwas völlig Neues vor mir auf. Jedes Mal werde ich erneut von einer Zukunft überrascht, die ich nicht vorhersehen konnte.

Als ich an der Highschool war, war ich absolut sicher, dass ich später an eine Ivy-League-Schule in New York gehen würde. Ich war im Herbst zu Besuch dort und war von den bunten Blättern und den majestätischen Gebäuden fasziniert. Es gab eine Glocke, die läutete, wenn im Studentenzentrum frische Kekse aus dem Ofen geholt wurden. Es war zauberhaft, und ich konnte vor meinem geistigen Auge ganz deutlich die Bilder von mir als Studentin in Rollkragenpullover und mit einem Rucksack zwischen den gotischen Gebäuden mit spitzen Türmen und in Stein gemeißelten Namen sehen. Ich schickte meine Bewerbungsunterlagen los und musste die erste große Enttäuschung in meinem Leben verkraften, als ich von Cornell eine Absage bekam.

Meine Lehrer, meine Studienberater und ich analysierten diese Absage – ich hätte noch einen Kurs mehr belegen sollen, um mich besser auf die Zulassungsprüfungen vorzubereiten, mein Notenschnitt hätte besser sein können, die Liste mit meinen Aktivitäten und Klubs hätte konzentrierter sein können. Ich schleppte mich mühsam durch den Rest meiner Bewerbungen fürs College. Meine Eltern befürchteten schon, ich würde am Ende bei ihnen zu Hause bleiben und sie zum Wahnsinn treiben. In einer Entscheidung, die sich eindeutig vom Rest des Bewerbungsprozesses unterschied, beschloss ich schließlich, nach Westmont zu gehen, an ein kleines College, das mehr für seinen Meeresblick als für seine Architektur bekannt ist. Es war für mich ein wunderbarer Ort mit reichen Erfahrungen. Es gab mir Raum für Ideen und Worte. Dort kam ich mit Menschen zusammen, die stark zu meiner geistlichen Entwicklung beitrugen.

Am College wusste ich genau, dass ich einmal Professorin werden würde, dass ich nach meinem Studienabschluss eine Doktorarbeit in Philologie schreiben würde, vielleicht in Providence oder in San Francisco, und dass ich die Jahre zwischen zwanzig und dreißig mit Zigarettenrauchen und wilden Dinnerpartys in einer Großstadtwohnung mit vielen Büchern verbringen würde. Ich würde Rotwein trinken und mit sonderbaren, aber unglaublich intelligenten Männern ausgehen, von denen viele Ausländer wären, ich würde klassische Schuhe tragen und viel Silberschmuck. Als ich jedoch mit dem College fertig war, zog ich in meine Heimatstadt in der Nähe von Chicago zurück. Ich dachte, das wäre nur für ein Jahr, in dem ich Bewerbungen schreiben und mir ein Studienprogramm aussuchen wollte. Aber dann stellte sich heraus, dass ich viel mehr Zeit mit den Jugendlichen verbrachte, mit denen ich in der Gemeinde arbeitete, als damit, meine Bewerbungen zu schreiben. Nach einem Jahr kaufte ich mir ein Haus, räumte die Bewerbungsunterlagen weg und verbrachte weiterhin den größten Teil meiner Zeit mit den Schülern aus der Gemeinde, bei ihren Spielen und Theateraufführungen, Freizeiten und Gruppenstunden.

Nachdem Aaron und ich geheiratet hatten, konnte ich sehen, wie sich unsere Zukunft in unserer Stadt entwickeln würde. Ich suchte schon die Gegend aus, in die wir ziehen würden, wenn wir Kinder bekämen, und berücksichtigte dabei den Schulbezirk und die Nähe zu den Großeltern. Unser Lieblingsitaliener, Café Clemenza, war nur zwei Minuten von unserem Haus entfernt, und in unserem Buchladen wurde gerade eine Anthropologieabteilung eröffnet. Wenn das kein deutliches Zeichen war, dass wir hierbleiben sollten! Anderthalb Jahre nach unserer Hochzeit zogen wir nach Grand Rapids. Grand Rapids ist nicht für sein italienisches Essen oder seine großen Einkaufsmöglichkeiten bekannt, aber hier gibt es viele kluge, leidenschaftliche, kreative Menschen, die unser Leben reich machen.

Nachdem ich fast zehn Jahre in christlichen Gemeinden gearbeitet hatte, ging ich davon aus, dass ich das für den Rest meines Berufslebens tun würde. Aber auch das war ein Trugschluss. Jetzt schreibe ich und spiele mit meinem Baby. Ich verbringe ungefähr neunundzwanzig Tage im Monat zu Hause im Pyjama, schreibe ein wenig, spiele vor allem mit Henry und dann, an diesem komischen dreißigsten Tag, ziehe ich Stöckelschuhe an, trage Lippenstift auf und gehe arbeiten, zu Veranstaltungen oder zu Vorlesungen.

Der Alltag meines Lebens schockiert mich, weil er so gut ist. Ich schlafe gut, wenn auch bei Weitem nicht genug, und ich habe das Gefühl, mein kleineres, ruhigeres Leben passt im Moment perfekt. Zu meiner großen Überraschung sehne ich mich nur sehr selten danach, zu dem Leben zurückzukehren, das ich so viele Jahre geführt habe.

An einem gewissen Punkt muss ich mich vielleicht fragen, ob mein Urteilsvermögen und mein gesunder Menschenverstand noch funktionieren. Wie kann ich ständig so ganz genau wissen, was die Zukunft bringen wird, und dann immer so völlig danebenliegen? Deshalb habe ich mir vorgenommen, in Zukunft mit Bleistift zu schreiben.

Beim Leben mit Gott geht es im Kern darum, unser Leben für etwas Größeres und Mächtigeres aufzugeben. Es geht darum, an jeder Weggabelung zu sagen, dass Gott es besser weiß als wir und dass sein Geist uns auf Wege führen wird, die wir nicht vorhersehen können. Eigentlich weiß ich das schon lange, aber ich habe nicht wirklich danach gelebt.

Ich sehe jetzt der Zukunft ganz anders entgegen, einerseits mit einer leichten Besorgnis, weil alles möglich ist, aber gleichzeitig auch mit einer gewissen Hoffnung und Freiheit, weil, na ja, alles möglich ist.

Es gibt Momente, in denen ich plötzlich glücklich und dankbar bin und fast erschrecke, weil ich so glücklich bin. Ich würde diese Zeit als die schwerste Zeit in meinem Erwachsenenleben bezeichnen. Es ist nicht so, dass ich das irgendwie geplant hätte, aber gleichzeitig ist es eine unglaublich schöne und besondere Zeit. Sie ist schwer, weil einige Beziehungen immer noch nicht ganz geheilt sind und weil wir viel weniger Geld haben und weil ich manchmal Angst vor der Zukunft habe; aber gleichzeitig stelle ich immer wieder überrascht fest, dass das in Ordnung ist und wie gut es mir damit geht, nicht genau zu wissen, was als Nächstes kommen wird.

Vor ein paar Monaten ging ich mit meiner Freundin Rosa spazieren. Sie ist Mitarbeiterin in unserer Gemeinde und hat vier Kinder. Ihr Mann besitzt eine erfolgreiche Zahnarztpraxis, und sie haben ein schönes Haus, in das sie viele Gäste einladen. In den letzten Jahren waren sie auf der ganzen Welt unterwegs und haben viele Gemeinden unterstützt. Vor Kurzem haben sie beschlossen, mit ihren Kindern nach Nordafrika zu ziehen.

Während wir uns darüber unterhielten, erwähnte ich, dass diese Zeit, in der sie ihr Haus verkauften und den Umzug vorbereiteten, ihnen wie eine Übergangsphase vorkommen müsse. Sie blieb eine Sekunde stehen und schaute mich direkt an. »Weißt du, Shauna«, sagte sie, »alles ist eine Übergangsphase. Jede Zeit, von der ich dachte, sie sei unveränderlich und würde lange so bleiben, war am Ende nur eine Vorbereitung auf die nächste Phase. Wenn du dich entscheidest, mit Gott diesen Weg zu gehen, ist alles nur eine Übergangsphase.« Als ich von diesem Spaziergang nach Hause kam, schrieb ich diesen Satz auf einen Zettel und habe ihn jetzt neben meinem Computer hängen.

Alles ist eine Übergangsphase. Alles ist ein Weg oder eine Vorbereitung auf das Nächste; und wir wissen nie, was als Nächstes kommen wird. Das Leben jedes Menschen ist voll überraschender Wendungen. In einem Leben mit Gott gilt das noch viel mehr. Wir können uns in etwas hineinhängen, Pläne schmieden, in Stein meißeln, uns die Ohren zuhalten, aber Gottes Stimme verschafft sich Gehör. Sie zieht wie Rauch oder Dunst ein, wenn wir die Tür vor allen kurzfristigen Veränderungen verriegelt haben, und sie führt uns in verschiedene

Länder, erfüllt uns mit verschiedenen Gefühlen und macht uns bereit für verschiedene Lebensweisen. Sie hält uns in Bewegung, sie sorgt dafür, dass wir nicht aufhören, zu tanzen und genau hinzuschauen; sie überlässt uns nie einem Leben, das von einem Tempomaten oder einer Fernbedienung gesteuert wird. Ein Leben mit Gott ist ein kühner Traum, voll aufregender, überraschender Wendungen und meistens voll mit Dingen, von denen wir gesagt haben, dass wir sie nie tun würden. Diese Überraschungen schenken Hoffnung.

Wenn man es natürlich genau betrachtet, ist unser Leben immer eine Übergangsphase. Wir befinden uns immer in einem Zwischenstadium, wir sind noch nicht im Himmel. Wir konstruieren ausgeklügelte Burgen aus Visitenkarten und Katalogen und schaffen uns eine Rüstung aus engen Jeanshosen, Versicherungspolicen und E-Mails, um das Gefühl abzuwehren, wir wären nicht genug, das Leben böte uns nicht genug. Aber dieses Gefühl trügt uns nicht.

Das ganze Leben ist eine Übergangsphase, und wenn wir ehrlich zu uns selbst sind, die Rüstung weg und die Burg eingestürzt ist, spüren wir schmerzhaft, dass alles nur vorübergehend ist.

Mein Vater hatte früher ein Auto, in dem man das Ziel der Fahrt eingeben konnte. Dann sagte einem eine Frauenstimme an jeder Kreuzung, wo man abbiegen und wo man stehen bleiben müsse, um zu diesem Ziel zu gelangen. Wenn man schließlich da war, verkündete sie mit dieser typischen total dramatischen, langsamen und leicht sexy Stimme: »Sie. Haben. Ihr. Ziel. Erreicht.« Als wir diesen Satz das erste Mal hörten, brachen wir alle in lautes Gelächter aus. Wir wollten, dass sie es noch einmal sagte. Wir wollten andere Ziele eingeben und dann dorthin fahren, nur damit sie uns wieder sagen würde: »Sie. Haben. Ihr. Ziel. Erreicht.« Es war das faszinierendste Auto der Welt. Wir wussten natürlich genau, dass es nur eine Computerstimme war, dass sie nur davon sprach, dass wir vor der Reinigung angekommen waren, aber etwas in uns schmolz dahin, wenn sie das sagte. »Ich? Wirklich? Ich habe mein Ziel erreicht? Danke! Sag das noch einmal!«

Genau das will ich. Ich will ankommen. Ich will dorthin kommen, wohin ich unterwegs bin, und dann dort bleiben. Deshalb habe ich mein Leben lang so viel geplant. Aber ich lerne, einfach in Bewegung zu bleiben, weiterzugehen, weiterhin kleine Schritte zu machen. Durch diese kleinen Schritte und Momente werde ich zu der Person, die ich bin. Wir werden auf dieser Welt nicht ankommen. Aber wir entwickeln uns weiter. Das macht mir große Hoffnung.

Gott sei Dank lag ich mit allem, was ich geplant hatte, falsch. Gott sei Dank lief es nicht nach meinem Fahrplan, denn obwohl ich mich abmühte und alle fünf Sekunden auf meinen Plan schaute, während sich mein Leben in Gottes Händen veränderte, gefällt mir der Ort, an dem wir gelandet sind, und gefällt mir, was ich unterwegs gesehen habe. Wenn ich jetzt über die Zukunft nachdenke, denke ich an Rosa, und ich versuche, mit Bleistift zu schreiben.

Frohes Thanksgiving

An einem verschneiten Abend Mitte Dezember war unser Hauskreis bei uns zu Gast. In einem Anfall von Größenwahn und guten Absichten beschloss ich, ein Thanksgivingessen zu kochen. Ja, mit einem Truthahn. Ja, auch wenn ich kaum eine knochenlose, hautlose Hühnerbrust zubereiten kann. Ja, auch wenn ich ein kleines Baby habe. Ja, mehrere Wochen nach dem eigentlichen Fest.

Aber es war Ewigkeiten her, seit der Hauskreis zum letzten Mal bei uns gewesen war, und ich vermisste das Kochen und das Tischdecken und den Klang der Stimmen in unserem Haus, und ich wollte, dass es etwas Besonderes wurde, dass es für alle wie eine Party oder ein Feiertag ist. Außerdem wollte ich mit diesen Geschwistern Thanksgiving feiern. Wir sagen immer, dass wir füreinander wie eine Familie sind, und einen Familienanlass wie einen Feiertag möchte man gern mit den anderen feiern.

Ich hatte in diesem Jahr schon zweimal ein Thanksgivingessen bekommen, eines mit meinen Eltern, Aaron und Henry. Es war genau genommen am Mittwoch vor Thanksgiving gewesen, am Geburtstag meiner Mutter. Ich hatte im Fernsehen gesehen, wie eine Meisterköchin ihren Truthahn mit karamellisierten Zwiebeln und Äpfeln füllte. Das wollte ich auch versuchen, und da wir nur wenige Leute waren, gab es keinen ganzen Vogel, sondern nur eine kleine Truthahnbrust. Am nächsten Tag gab es bei Aarons Eltern ein fantastisches Essen. Meine Schwiegermutter hatte kochen wollen, aber ihr Rücken bereitete ihr Probleme, und ein Freund der Familie, ein Caterer, kochte die doppelte Menge und brachte ihr sein tolles und extravagantes Thanksgivinggericht. Diane ist wirklich eine großartige Köchin, aber wir waren alle ein wenig dankbar für ihre Rückenschmerzen, als wir die Füllung aus Wurst und Pilzen kosteten.

Ich hatte also in diesem Jahr zweimal ein festliches Essen genossen, aber den Teil mit dem Dank hatte ich bis jetzt ausgelassen. Den

Teil, in dem man in sich geht, über das vergangene Jahr nachdenkt und sich Gedanken darüber macht, wofür man dankbar ist oder was man geschenkt bekommen hat oder wie dankbar wir anderen Menschen und Gott für seine guten Gaben sind.

Deshalb fand bei uns im Dezember Thanksgiving statt. Der Dezember in Grand Rapids ist, wie Annette es ausdrückt, als lebe man in einer Schneekugel. Im Frühling verbringt man viele Monate mit diesem hässlichen, schmutzigen Schnee, in den Hunde gepinkelt haben und der von Stiefeln zertrampelt wurde, aber im Dezember ist es dieser zauberhafte Schnee wie aus einem Märchenfilm, mit riesigen, tanzenden Schneeflocken und einer dicken Schneedecke auf den Dächern und dem gelben Licht der Straßenlaternen, das alles wie einen Wintertraum aussehen lässt.

Ich deckte den Esstisch mit silbernen Servierplatten, großen Weinkelchen, silbernen Kerzenständern, langen roten Kerzen und stellte ein Tablett mit sieben Sektflöten auf den Wohnzimmertisch. Wir hörten uns Sufjan Stevens' neues, schönes und merkwürdiges Weihnachtsalbum an, und natürlich brauchte der Truthahn gefühlte neun Stunden länger, als im Rezept stand. Wir hatten also viel Zeit, unseren Sekt zu trinken, uns auszutauschen und mit Henry und Spence zu spielen, bevor die beiden ins Bett mussten.

Als der Truthahn nach einer Ewigkeit endlich beschloss, fertig zu sein, saßen wir im warmen Kerzenschein im Esszimmer und aßen die Füllung, den Kartoffelbrei und die grünen Bohnen mit Röstzwiebeln darauf. Ich hatte kurz mit dem Gedanken gespielt, die grünen Bohnen nach einem neuen Rezept zu kochen, das ich in einer Kochsendung gesehen hatte, mit Pilzen, die in Wein und Zwiebeln gekocht werden; aber ich konnte mich nicht dazu überwinden, weil ich das alte Rezept mit dem Sellerie so gern mag.

Während des Essens unterhielten wir uns über die Zeit, die wir am Feiertag bei unseren Familien verbracht hatten, über die Dinge, die sich ändern, und die Dinge, die sich nie ändern. Joe, der es perfekt beherrscht, nicht über die Dinge zu sprechen, über die er nicht sprechen will, ließ uns an einigen Entscheidungen teilhaben, die er dieses Jahr treffen wird. Wir blieben lang am Tisch sitzen, nahmen uns einen

Nachschlag und hörten einander zu. Wir sprachen von Dankbarkeit und dass es Dinge gibt, bei denen es uns leichtfällt, dankbar zu sein. Henry zum Beispiel macht mich ohne Wenn und Aber glücklich, genauso wie meine Familie, meine Ehe und der Hauskreis.

Aber in diesem Jahr habe ich eine neue Art von Glück entdeckt. Als ich meine Arbeit verließ, sagten einige Leute zu mir, dass ich irgendwann über diese Zeit froh, ja, sogar dankbar sein würde. Das gefiel mir überhaupt nicht, und ich fand diese Sprüche sogar noch schlimmer als die Klischees über geschlossene Türen und offene Fenster. Ich empfand das irgendwie als grausam: Ich sollte nicht nur nicht traurig sein, ich sollte auch noch dankbar sein? Es kam mir falsch und heuchlerisch vor, und ich schwor mir, selbst wenn diese Wunde eines Tages heilen sollte, selbst wenn der Schmerz nachließe, selbst wenn ich wieder glücklich werden könnte, wollte ich niemals dafür dankbar sein. Ich würde nie jemand werden wie die Leute, die dankbar für Krebs sind, weil sie in dieser Zeit viel gelernt haben, oder dankbar für die Scheidung, weil sie dadurch gelernt haben, selbstständig zu werden. Ich würde dafür nie dankbar sein.

In der Thanksgivingwoche besuchte ich mit meiner Familie eine wunderbare, großzügige Familie, mit der wir befreundet sind. Das letzte Mal war ich am Tag nach meiner Kündigung bei ihnen gewesen. Als ich jetzt wieder dort war, wurde ich sofort in jene Zeit zurückversetzt. Aber zu meiner eigenen Überraschung stellte ich fest, dass ich in den Monaten, die seitdem vergangen waren, einen weiten Weg zurückgelegt hatte. Ich blätterte in meinem Tagebuch zurück und stand wieder an den Orten, an denen ich bei jenem ersten Besuch gestanden hatte. Ich schaute zur selben Tageszeit auf den Ozean hinaus, um dieselben Farben am selben Himmel zu sehen, und ich stellte fest, dass ich mich verändert habe. Ich bin nicht nur anders geworden. Mir geht es besser. Und ich bin dankbar.

Dass ich dankbar bin, wurde mir in diesen Momenten bewusst. Dankbar, dass Dinge zerbrachen, die zerbrochen werden mussten und anders nicht hätten zerbrechen können, dankbar für den Schmerz, der mir erlaubte, meiner Angst offen ins Auge zu blicken, dankbar, dass ich von etwas befreit wurde, von dem ich nicht einmal gewusst hatte, dass ich davon geknechtet gewesen war. In meinem Leben spüre ich jetzt eine Qualität, ähnlich wie einen tiefen Bass oder ein Donnergrollen in der Ferne. Es ist das Gefühl, nichts mehr verlieren zu können. Ich habe nichts mehr zu verlieren. Weil ich mich so schämte und mir alles so peinlich war. Aber zu meiner eigenen Überraschung bin ich auf neue Art glücklich, auf neue Art frei.

Ich erlebe die ganzen Klischees, die mich vor einigen Monaten noch so wütend gemacht haben. Ich glaube, dass der Schmerz ein Geschenk ist. Ich glaube, dass wir, wenn wir etwas verlieren, dadurch an Tiefe gewinnen. Ich glaube die ganzen Dinge, die mich vor acht Monaten reizten, ein Buch von Larry Crabb gegen die Wand zu schleudern. Nichts gegen Larry Crabb, er ist ein weiser Mensch, aber ich war damals absolut nicht offen für seine Worte. Ich bin dankbar, dass Gott mich in seiner Gnade diese Dinge gelehrt hat. Und ich könnte würgen bei diesem Satz, weil er so kitschig und ewig optimistisch klingt. So ungern ich es auch zugebe: Ich habe eine neue Dankbarkeit gefunden. Ich bin dankbar dafür, wie Gott die Dunkelheit und den Schmerz weggenommen hat, dafür, wie er aus etwas Furchtbarem etwas Schönes macht. Über diese Art von Dankbarkeit unterhielten wir uns an unserem verschneiten Thanksgivingabend im Dezember.

Wir unterhielten uns darüber, wie Gottes Hand im Leben von uns allen die Dunkelheit durchdringt. An diesem Abend wuchsen wir als Gemeinschaft wieder ein Stück näher zusammen.

Während unsere Babys oben schliefen und die Reste und die Knochen des Truthahns den Tisch übersäten, erzählten wir uns die Geschichten, die niemand gern erzählt, die Geschichten über die dunkelsten Winkel, die schmerzlichsten Momente und darüber, wie Gott in diesen Momenten eingegriffen hat und aus Asche etwas Strahlendes entstehen ließ, kostbare Schätze, Funken der Hoffnung.

Als wir uns im Kreis aufstellten, um zu beten und unseren gemeinsamen Abend abzuschließen, hielten wir uns an den Händen und dankten Gott für die Dunkelheit und dafür, wie die Dunkelheit hell geworden ist. In diesem Moment praktizierten wir Thanksgiving, Danksagen. Danksagen für das unkomplizierte Glück, das wir durch Babys, Freundschaften und gutes Essen erleben und für die mit

Schmerzen geborene Freude, die entsteht, wenn wir etwas verlieren, wenn wir versagen, wenn wir am Boden liegen und dann wieder das Licht sehen.

Das ist wirklich ein »Frohes Thanksgiving«.

Suppe aus Knochen

Diese Woche habe ich eine echte Brühe aus Knochen gekocht, was, wie ich finde, ein sehr praktischer Akt der Buße ist. Im Grunde macht man dabei eine Mahlzeit aus Dingen, die sonst Müll wären. Ich komme mir dabei wie eine Pionierin oder eine Trümmerfrau vor, sehr klug und erfinderisch. Für mich ist es wirklich erstaunlich, dass das funktioniert. Da ich bis vor Kurzem noch nie einen Truthahn gebraten habe, war mir das Nachspiel logischerweise bis jetzt auch nicht vertraut, aber meine Schwiegermutter kochte das letzte Mal, als wir bei ihr waren, so eine köstliche, kräftige Truthahnsuppe, dass ich dachte, eine solche Suppe wäre einen Versuch wert.

Ich hatte eine Professorin am College, die uns eine Liste mit Dingen gegeben hatte, die Erwachsene können müssen. Ein Punkt auf der Liste lautete: »Eine Suppe improvisieren.« Nachdem ich gelernt hatte, was »improvisieren« heißt, lernte ich, das mit Suppe zu machen. Jetzt benutze ich dieses Wort sehr gern, weil ich mir dabei wunderbar intelligent vorkomme und an meine Professorin und an Suppe denken muss. Ein anderer Punkt auf ihrer Liste war: »Eine Passage von Shakespeare auswendig lernen.« Diesen Punkt kann ich auch abhaken, obwohl die einzige Passage, die ich immer noch auswendig kann, eine angestrengte Stelle aus einem unbedeutenderen Theaterstück von Shakespeare ist, die ich mir wahrscheinlich nur ausgesucht habe, weil ich spöttisch und schlau sein wollte. Ich wollte nicht das ausgelutschte »Es ist etwas faul im Staate Dänemark« oder »Was ist ein Name? Was uns Rose heißt, wie es auch hieße, würde lieblich duften« übernehmen. Folglich ist das Einzige, was ich noch von Shakespeare aufsagen kann, ungefähr genauso nachhaltig und interessant wie eine Wegbeschreibung zur Tankstelle. Aber ich habe gelernt zu improvisieren.

Das ganze Fleisch-und-Geflügel-Zubereiten ist für mich an sich schon ein kleines Wunder. Ich habe erst in den letzten Jahren damit angefangen, mit Fleisch mit Knochen zu experimentieren. Ich finde, wir sind kulturell so weit gekommen, mit der modernen Medizin, der Raumfahrt und Anti-Aging-Mitteln, dass es mir unpassend erscheint, mit den Zähnen Fleisch von einem Knochen zu nagen. Es ist wie mitten im Wohnzimmer zwei Stöcke aneinanderzureiben, statt das Feuerzeug aus der Hosentasche zu holen.

Jahrelang war ich Anhängerin seltsamer Diäten und ernährte mich lieber von gefrorenem Joghurt und Cola light als von dick machenden Dingen wie Eiweiß und Nährstoffen. Ich lebte den größten Teil eines Jahrzehnts hauptsächlich von schwarzem Kaffee und Bagels. Fleisch war mir genauso fremd wie Autoreparaturen.

Annette wusste, dass ich mich mit Fleisch, das an einem Knochen hängt, schwertue. Als ich während unseres Studiums übers Wochenende mit zu ihr nach Hause fuhr, erzählte sie das als gute Gastgeberin ihrer Mutter. Als wir uns dann am Abend zum Essen an den Tisch setzten, lag auf jedem Teller ein gebratenes, glänzendes Hähnchenstück. Nur auf meinem Teller befand sich ein sauberer kleiner Haufen mundgerechter Fleischstücke ohne irgendwelche Knochen. Ich wusste das sehr zu schätzen, auch wenn es so aussah, als würde sich eine Dreijährige zu ihnen an den Tisch setzen. Ich hätte um eine Schnabeltasse und ein Lätzchen bitten sollen.

An einem gewissen Punkt begann ich, um nicht auf dieser Stufe stehen zu bleiben, mich vorsichtig in die Welt des Fleisches vorzuwagen. Ich begann mit Rippchen, was mir wie ein Quantensprung erschien, aber diese Knochen sind wenigstens alle in einer Reihe, so dass man so wenig wie möglich kämpfen und nagen muss. Wenn ich mich sehr mutig fühle, wage ich mich auch an Hähnchenflügel, aber die sind so klein, dass ich mir vorkomme, als wäre ich ein Riese, der an einem winzig kleinen Flügel nagt.

Ich habe im letzten Jahr ein Hähnchen gegrillt, weil die bekannte Köchin Nigella Lawson, deren Bücher mich faszinieren, behauptet, dass es sehr leicht gehe und dass sie zweimal in der Woche eines grille. In ihrem Kochbuch steht etwas Britisches und Eigentümliches nach dem Motto, man müsse nur »eine Zitrone in sein Hinterteil schieben und seine hübsche Haut salzen«. Über die ekligen Dinge, die in dem Tier sind, dass man dafür anderthalb Tage braucht oder dass ich ein Anatomiebuch brauchen würde, um die Einzelteile voneinander unterscheiden zu können, erwähnt sie darin nichts.

Es erübrigt sich also zu sagen, dass es für mich ein riesiger Schritt war, zu Thanksgiving einen Truthahn zu braten, und dass nach einer solchen Anstrengung alles in mir nur wollte, dass mein Mann die ganzen Reste sofort und ohne mein Dazutun entsorgen würde. Aber mir ging diese leckere Suppe bei meiner Schwiegermutter nicht aus dem Kopf, und irgendwie faszinierte mich die Vorstellung, dass diese Knochen noch zu etwas zu gebrauchen sein könnten.

Manche kleinen Mädchen lieben Barbiepuppen. Ich liebte die Bücherserie »Unsere kleine Farm«. Ich bekam diese Bücher zu meinem sechsten Geburtstag in einer gelben Bücherbox geschenkt und las sie jedes Jahr. Eine Suppe aus Knochen zuzubereiten war für mich etwas, das in diesen Büchern Ma im Winter machte, während Pa den Schnee vom Dach schaufelte oder den Kühen die Eiszapfen von der Schnauze entfernte, damit sie nicht froren.

Ich zog mein Grundrezepte-Kochbuch zurate und holte mir ein paar Anregungen. Genauer halte ich mich nie an ein Kochrezept. Ich schnitt Knoblauch, Zwiebeln, Karotten und Sellerie und kochte die Knochen in meinem großen, roten Suppentopf aus. Ich gab übrig gebliebenes Fleisch und eine Handvoll Reis dazu; und ganz plötzlich war es Suppe!

Diese Suppe, diese einfache Truthahnsuppe, gab mir das Gefühl, ein Wunder vollbracht zu haben oder ein Zauberer zu sein und aus nichts etwas geschaffen zu haben. Ich glaube, mir gefällt diese Vorstellung zurzeit deshalb so gut, weil ich mich so lange wie ein Knochenhaufen gefühlt habe; und die Vorstellung, dass diese alten Knochen etwas Gutes und Kräftigendes hervorbringen, rührt mich an.

Darum geht es bei dieser Geschichte, bei der Geschichte von Gott und den Menschen und seinem Wirken in der Welt. In der ganzen Menschheitsgeschichte schafft er immer wieder Suppe aus Knochen, Leben aus dem Tod, Wasser aus Felsen, Liebe aus Hass.

Mir gefällt die Vorstellung, dass alles lebt, gesund ist und mit Leben und Hoffnung übersprudelt. So wünsche ich mir mein Leben. Es

gibt Momente voll Leben und Schönheit, aber es gibt auch viele Knochen, Skelette von einem Leben, das schon vorbei ist, Dinge, die wir
bedauern, gebrochene Herzen, gebrochene Versprechen und kaputte
Beziehungen. An guten Tagen werfe ich einen Blick auf diese Knochenhaufen und überlege, was nötig wäre, um daraus eine Suppe zu
kochen, um etwas zu reparieren und wieder heil zu machen, um etwas
Totes in etwas zu verwandeln, das voll Leben und Geschmack ist.

Manchmal ist dazu ein Anruf oder eine Entschuldigung nötig.
Manchmal ist dazu ein neues Versprechen nötig, auch wenn ich in der
Vergangenheit schon viele Versprechen gebrochen habe. Manchmal
geht es darum, die Wahrheit zu sagen, etwas Wichtiges aufzugeben,
etwas zu begraben, das schon lange tot ist. Aus diesem Knochenhaufen bekommt man dann eine Suppe – warm, kräftig, voll Leben, voll
Seele und voll Geist. Aus Abfall entsteht etwas Schönes.

Keller

Ich habe Annette nicht gesagt, dass ich ihren Keller gesehen habe. Ich glaube nicht, dass sie das wissen will. Ich hatte eigentlich gar nicht vor, ihren Keller zu sehen. Ich brachte Henry zu ihr, weil Emily montags und mittwochs in Annettes Haus auf unsere beiden Söhne aufpasst, und als ich ins Haus trat, warf ich mit dem Babysitz eine Trittleiter um. Die Leiter warf den Besen um, der daraufhin klappernd die ganze Kellertreppe hinabpurzelte. So ist das nun einmal mit Babysitzen. Ich bleibe in fast jedem Türrahmen hängen, wenn ich mit Henry irgendwohin gehe. Armer Junge.

Aber zurück zu Annettes Keller: Ich war schockiert und überrascht, als ich feststellte, dass er ganz genauso aussieht wie meiner. Als ich das sah, hätte ich mich am liebsten auf den Boden gelegt und einfach tief eingeatmet, weil ich mich so frei fühlte.

Ich weiß nicht, ob es in Ihrem Leben Bereiche gibt, deren Sie sich schämen und die Sie wie ein Geheimnis verstecken wollen, Bereiche, die niemand sehen oder wissen sollte. Bei mir gibt es zwei solche Bereiche: Das eine ist mein Hintern und das andere ist mein Keller. Ich habe viele hundert Stunden und viele tausend Dollar dafür ausgegeben, meinen Po verkleiden zu wollen und ihn wie den einer anderen aussehen zu lassen oder ihn wenigstens so weit zu tarnen, dass er optisch nicht von seiner Umgebung absticht. Mein Keller ist wie der Lagerraum für alles, was in meinem Leben nicht richtig funktioniert, für alle kaputten Stücke und Teile, die ich aus meinem anständigen Leben in den anderen Räumen meines Hauses verbannt habe, die aber immer noch im Keller lauern und drohen, mich bloßzustellen.

Irgendwo in dem auf Leistung bedachten Winkel der Welt im Mittleren Westen der USA, in dem ich aufwuchs, wurde mir schnell klar, dass man keinen Keller haben sollte, der so ist wie mein Keller. Es ist vollkommen in Ordnung, ein paar Regale zu haben und einige saubere Schachteln und Stapel in den Regalen. Man darf eine Couch im

Keller stehen haben, die nicht mehr gut genug ist für oben und den alten Fernseher und ein paar Hanteln oder ein Trainingsgerät. Aber man darf eindeutig keinen Keller haben mit einem wilden Durcheinander aus gerahmten und ungerahmten Kunstdrucken, einem Fondueset, das aus seiner Schachtel gefallen ist, einem Schonbezug, einer Matratze, mehreren hundert CDs, die eine ganze Ecke übersäen, Spinnweben und Schraubenschlüsseln, einem Dampf-Tapetenablöser, einem Stapel fleckiger Kleidung, die ich irgendwann einweichen wollte, aber nie eingeweicht habe, Mausefallen, Staubflusen, Reservetoilettenpapier und siebenundvierzig halbleeren Farbdosen. Das darf man nicht. Einen solchen Keller haben nur schlimme, schlampige Leute, Leute, die (wage ich es zu sagen?) *faul* sind. Mein Keller ist der Keller von faulen Leuten. Er lässt mir nachts oft keine Ruhe. Ich fühle ihn unter mir, wie er mir Schuldgefühle macht, wie er droht, die Treppe heraufzukommen und mich als das bloßzustellen, was ich bin: ein fauler Mensch mit einem unordentlichen Keller.

Martha Beck schrieb vor ein paar Jahren einen fabelhaften Artikel darüber, welche Wirkung unser Zuhause auf uns hat und wie es uns unser eigenes Ich vor Augen stellt. Sie forderte den Leser auf, sich den Raum vorzustellen, den wir zu Hause am meisten lieben, und ihn mit drei Worten zu beschreiben. Dann sollte man sich den Raum vorstellen, den man am meisten hasst, und diesen Raum mit drei Worten beschreiben. Sie sagte, die Worte, mit denen wir den Raum beschrieben haben, den wir am meisten mögen, sind drei Eigenschaften, die wir gern hätten, und die drei Worte für den Raum, den wir am wenigsten mögen, sind Dinge, von denen wir befürchten, dass wir sie in Wirklichkeit sind, aber von denen wir nicht wollen, dass irgendjemand davon erfährt. Eine kluge Frau, diese Martha Beck.

Mein Keller ist alles, von dem ich nicht will, dass es jemand erfährt, alles, was ich gern verberge und niemandem zeige. Ich will allen mein Wohnzimmer und mein Esszimmer zeigen, meine besten Seiten, meine charmanteste und kreativste Seite. Aber da unten, in diesem stickigen, feuchten Keller liegen die Teile, die mich in Verlegenheit bringen und traurig machen. Da unten sind meine empfindlichen Gefühle, die Verletzungen aus meiner Jugend, mein Versagen vor anderen, die Situationen, in denen ich einen Witz erzählen wollte und niemand lachte. Da unten ist die nicht erwiderte Liebe, das Gefühl, ausgeschlossen zu werden, die Augenblicke, in denen ich in der Schule und in der Gemeinde andere Mädchen auf der Toilette über mich reden hörte. Im Keller liegen die ganzen Teile, die ich verstecke.

Ich will auch, dass sie versteckt bleiben, und habe sie die meiste Zeit ziemlich erfolgreich unter Verschluss gehalten. Bis zu diesem Jahr. Bis ich ein Baby bekam. Bis Menschen, die ich liebe, mir helfen wollten und ich in einem panischen Moment erkannte, wenn ich ihnen erlaube, mir zu helfen, werden sie meinen Keller sehen. Sie sehen meinen Keller und dann gehen sie. Erschrocken, missbilligend, kopfschüttelnd und mit dem Wissen, dass bei mir eigentlich schon immer etwas nicht ganz gestimmt hat. Sie sprechen leise über mich und sagen: »Das hätten wir uns bei jemand wie ihr eigentlich denken können. Wir hätten uns denken können, dass sie einen *solchen* Keller hat.«

Meine Freundin Lori, die klug und verständnisvoll ist und wunderbare rote Haare hat, kam eines Abends als Babysitterin zu Henry, damit Aaron und ich essen gehen konnten. Sie spielte mit ihm und schaute sich einen Film an, als er eingeschlafen war. Erst am nächsten Morgen, als ich aufstand, um Kaffee zu kochen, fiel mir auf, dass Lori das schmutzige, verklebte Geschirr, das aus unserem großen Spülbecken übergequollen war, gespült hatte. Ich fühlte mich dadurch genauso peinlich und unbehaglich berührt, wie wenn sie uns die Füße gewaschen hätte. Aber sie hat nicht nur unser Geschirr gespült, sondern auch unsere Spülmaschine gefüllt und dann wieder leergeräumt.

Jetzt weiß sie alles über uns. Jetzt weiß sie, dass der Schrank unter unserer Spüle schmutzig und verklebt ist und dass darin kleine Stückchen Müll und Kaffeesatz liegen, die neben dem Mülleimer gelandet sind. Sie weiß, dass die Spülmaschine irgendwie aus dem Leim ist, dass die Klappe, wenn man sie aufmacht, mit voller Wucht nach unten kracht, als wolle sie die ganze Spülmaschine umwerfen, und dass man die Klappe mit dem Fuß festhalten muss, damit sie nicht auf den Boden knallt. Das war eines von den Dingen, von denen wir beim Einzug in dieses Haus sagten, dass wir sie gleich reparieren würden, aber inzwischen haben wir uns daran gewöhnt und empfinden die kaputte Spülmaschinenklappe als normal. Es fällt uns nicht einmal auf, solange niemand anderes an unsere Spülmaschine geht und aufpassen muss, dass die Klappe ihm nicht den Fuß zertrümmert.

Die Vorstellung, dass meine kluge, erfolgreiche Freundin Lori den Schrank unter meiner Spüle gesehen und bei unserer Spülmaschinenklappe die Gesundheit ihres Fußes aufs Spiel gesetzt hat, beschämt mich. Ich bin ziemlich sicher, dass sie keine solchen Schränke hat. Andererseits vielleicht doch. Vielleicht haben wir alle irgendwo so etwas. Vielleicht ist es bei Ihnen nicht der Küchenschrank, der Keller oder der Po. Aber wahrscheinlich gibt es etwas. Wahrscheinlich verbringen Sie auch viel Zeit damit, es zu verbergen, vielleicht bereitet es Ihnen auch schlaflose Nächte. Wenn Sie jemanden so weit in Ihr Leben hineinlassen, dass er einen Blick darauf erhascht, glauben Sie im ersten Augenblick vielleicht auch, Sie müssten vor Scham im Erdboden versinken und dieser Mensch werde Ihren guten Ruf ruinieren und jedem, den Sie kennen, von Ihrem Po oder Ihren Schränken erzählen. Aber dann wird Ihnen vielleicht auch bewusst, dass dieser Mensch Ihr Freund ist. Wirklich und ehrlich ein Freund, wie Jesus.

Deshalb hat mir Annettes Keller so gut getan. Weil sie zu den anderen gehört. Es gibt Menschen wie mich und es gibt Menschen wie sie. Ich habe das Gefühl, sie ist ein guter, erfolgreicher Mensch und ich nicht. Sie trägt hübsches Make-up, Halsketten und elegante Schuhe, und ich hänge tagelang in Leggings und mit einem zerzausten Pferdeschwanz herum. Sie erneuert ihren Lippenstift mehrmals am Tag, trägt Hosenanzüge und hat echtes Porzellan. Sie ist stark und direkt, kennt sich mit Tabellenkalkulation aus und hat eine eigene Firma gegründet, ich hingegen kann kaum E-Mails schreiben, und wenn ich ehrlich bin, habe ich keine Ahnung von Steuererklärungen und was »Netto« und »Brutto« bedeutet.

Ihr Keller stört mich nicht im Geringsten. Er ist unordentlich und schmutzig, und man muss sich wie durch ein Maisfeld einen Weg bahnen, aber das ändert nichts daran, wie gern ich sie habe und wie sehr ich sie respektiere. Anscheinend geht es Lori trotz allem mit mir genauso, obwohl sie es mit meiner Spülmaschine zu tun bekommen hat. Das gibt mir ein Gefühl von Ehrlichkeit, denn sie hat das Aller-schlimmste gesehen. Jetzt gibt es nichts mehr, das sie in unserem Haus noch schockieren könnte; das gibt mir ein Gefühl von Sicher-heit, weil sie sich nicht von mir abwendet oder sich über mich lustig macht. Wenn diese Dinge in einer Freundschaft friedlich nebeneinan-der existieren, haben Sie wirklich einen wertvollen Schatz gefunden und können den anderen getrost Ihren Keller sehen lassen.

Nadel und Faden

Als Henry geboren wurde, nahmen wir Musik-CDs mit in den Kreißsaal, von denen wir dachten, es wäre die richtige Hintergrundmusik für ihn und für mich, sozusagen der Soundtrack für seine Geburt. Wir spielten Lieder von Ben Folds, Snow Patrol, Johnny Cash und den Beatles. Wenn ich diese Musik höre, fühle ich mich jedes Mal in den Kreißsaal zurückversetzt, in das helle Licht in dem ansonsten dunklen Raum, zu den Tränen, die meiner Mutter über das Gesicht liefen, und zu Aarons großen Augen, aus denen gleichzeitig Furcht und Staunen sprachen.

Als Henry gerade geboren war – damit meine ich, als er wirklich *gerade* geboren war, als die Hebamme ihn wog und seine Größe maß und seine dünnen, kleinen, keuchenden, ersten Schreie das Schönste waren, was wir je gehört hatten – in diesem Moment hörten wir außer Henrys Stimme nur eines, mitten in der Nacht in dem stillen Krankenhaus: ein Lied mit dem Titel »Needle and Thread«, Nadel und Faden, von der Gruppe Sleeping at Last. Es geht darin um Gott, Engel, Krankenhäuser und Liebe. In diesen Minuten wurde es unser Lied, Henrys Lied. Henry weinte und zappelte unter der Wärmelampe, ich lag im Bett, erschöpft, erleichtert und überwältigt. Ich fühlte mich im positivsten Sinne des Wortes leer, als hätte ich etwas Tapferes und Großartiges geleistet und jetzt sei meine Arbeit erledigt.

Ein paar Tage später hörten wir das Lied im Auto, als wir mit Henry vom Krankenhaus nach Hause fuhren. Aaron saß am Steuer, und ich saß neben Henry auf dem Rücksitz, hatte die Arme über ihn gelegt, um ihn vor allen möglichen Gefahren abzuschirmen. Außerdem hoffte ich inständig, alle anderen Autos auf der Straße würden langsamer fahren und einen größeren Abstand zu unserem Auto halten. Ich bildete mir ein, alle anderen auf der Straße wären entweder Bankräuber in einem Fluchtauto, Geistesgestörte oder Betrunkene. Ich schaute alle anderen Autofahrer finster an und tobte innerlich wegen ihrer Rücksichtslosigkeit, obwohl sie natürlich überhaupt nichts angestellt hatten. Dann begann das Lied und meine Unruhe und Angst verwandelten sich in eine starke, körperlich spürbare Liebe. Ich weinte während des ganzen Heimwegs und dachte daran, dass Gott und seine Engel diesen Jungen, unseren Sohn, mit Nadel und Faden zusammengenäht hatten. Ich dankte Gott für dieses Lied und dafür, dass er einen Menschen geschaffen hatte, der dieses Lied, unser Lied, geschrieben hatte.

Ich weiß, dass es bei dem Lied nicht um Henry geht. Ich glaube, es geht darin nicht einmal um die Geburt eines Kindes. Vielleicht geht es um jemandes Onkel oder um eine Folge aus einer Krankenhausserie. Das ist auch nicht wichtig, denn das Herrliche an einem wirklich guten Lied ist, dass es zutiefst um unser eigenes Leben geht, egal, als was es am Anfang, wie es geschrieben wurde, gedacht war.

Einige Monate später fuhren Aaron und ich zu einem Konzert dieser Gruppe. Als sie dieses Lied sangen, hielten wir uns an den Händen und ich weinte ein wenig und dachte an unseren Sohn; an die Nacht, in der er geboren wurde, an die Heimfahrt und an die tausend Momente, die wir seitdem mit ihm erlebt haben – an das Leben mit Henry, an das herrliche, wunderbare Gefühl, seine Mutter zu sein.

Ich hätte dem Sänger, der dieses Lied geschrieben hat, gern erzählt, wie dankbar wir für sein Lied sind, dass sein Lied uns in den zartesten Augenblicken unseres Lebens begleitet hat, dass diese Worte und Melodien in den ehrfurchtsvollsten Augenblicken unseres Lebens erklungen waren. Als ich nach dem Konzert zu unserem Auto hinausging, wäre ich fast wieder umgekehrt, um mich in der Schlange anzustellen und ihm das zu erzählen, aber ich wusste, dass ich dann weinen würde. Keine süßen, kleinen Tränen, sondern Tränen, bei denen einem die Nase läuft und die Wimperntusche verschmiert, und dass ich höchstwahrscheinlich versuchen würde, ihn zu umarmen, was für uns beide entsetzlich peinlich gewesen wäre. Ich weiß nicht, wie es ist, ein Rockstar zu sein. Aber ich kann mir gut vorstellen, dass ein Rockstar gewiss nicht will, dass ihm in einer Schlange aus süßen, zwanzigjährigen Mädchen in engen Jeans und mit schwarzem Nagellack eine dreißigjährige Mutter Bilder von ihrem Baby zeigt und ihm von ihrem Sohn erzählt und dabei weint.

Also habe ich es ihm nicht erzählt, aber wenn ich es getan hätte, hätte ich Folgendes zu ihm gesagt: Danke. Danke, mach weiter so! Bitte, hör nicht auf, Lieder zu schreiben. Bitte, hör nicht auf, an die Musik zu glauben; weil wir daran glauben, und wir brauchen sie, und ganz besonders brauchen wir deine Musik. Wir brauchen die Melodien und Worte und den Rhythmus, die Hoffnung, Sehnsucht und Schönheit ausstrahlen. Wir brauchen die Trommeln und die Saiten und deine eindringliche Stimme. Wir brauchen die Poesie deiner Liedtexte, den Geist und die Kraft deiner Musik. Wir brauchen dringend gute Musik. Es gibt schon viel gute Musik, aber es kann nie genug sein. Wir sehnen uns nach großen Geschichtenerzählern, großen Malern, großen Tänzern, großen Köchen, weil die Kunst etwas bewirkt, das nichts anderes schafft.

Die Kunst bahnt sich einen Weg an unserem Verstand vorbei, direkt in unser Herz. Sie webt sich in unsere Gedanken, Gefühle und in die offenen Räume unserer Seele ein und erlaubt uns, intensiver zu leben, zu sprechen und zu fühlen. Wirkliche Kunst sagt die Dinge, von denen wir uns wünschen, dass jemand sie laut sagt; die Dinge, von denen wir uns wünschen, wir könnten sie laut sagen. Wenn Ryan von Sleeping at Last singt, ist das so, wie ich singen würde, nur dass ich leider wie eine erkältete Fünfjährige klinge, wenn ich singe. Deshalb bin ich so froh, dass er das Singen übernimmt und ich das Zuhören übernehmen kann. Meine Freundin Anne tanzt so, wie ich tanzen würde, wenn ich es könnte. Meine Freundin Sarah malt Bilder, die mir das Gefühl geben, lebendig und frei zu sein, und dass die Welt schöner ist als vorher, weil ich genau dieses Bild gesehen habe. Ich bin so froh, dass sie diese Bilder schafft, weil ich das sicher nicht könnte und weil es mir besser geht, wenn ich ihre Bilder sehe.

Die Kunst ist so wichtig. Sie gehört zu den edelsten Dingen, weil sie uns helfen kann, uns besser zu fühlen, und zu den Dingen, die uns am meisten Angst einjagen können, weil sie tief aus unserem Inneren kommen. Es gibt nichts Beängstigenderes als den Moment, in dem man das Lied zum ersten Mal vorsingt, dem Mitbewohner oder der eigenen Frau, oder wenn man einem anderen das Bild zeigt, das man gemalt hat, und es folgen einige sehr lange Augenblicke des Schweigens, wenn der andere noch nicht gesagt hat, was er davon hält. In diesen wenigen Momenten bleibt die Zeit stehen, und man will aufhören zu malen, man will für immer aufhören zu singen, weil dieser Augenblick so beängstigend ist, weil man in diesem Augenblick so verwundbar ist; doch dann sagt der andere: »Danke, mach weiter so.« Du fängst wieder an zu atmen, und du nimmst deine Entscheidung, nie wieder malen zu wollen, nie wieder singen zu wollen, zurück und fühlst, wenigstens für diesen Moment, dass du das getan hast, wozu du auf die Welt gekommen bist.

Ich weiß, dass das Leben stressig und hart ist, dass es großen Druck gibt, sich eine Existenz aufzubauen, sich eine richtige Arbeit zu suchen, sich anständige Kleidung zu kaufen und sich die Haare schneiden zu lassen. Aber macht das nicht. Bitte macht es nicht. Bitte haltet an dem Glauben fest, dass das Leben wegen der Kunst, die ihr schafft, besser, heller, weiter sein kann. Bitte habt weiterhin den Mut, den es kostet, in einer Welt gegen den Strom zu schwimmen, in der alle lieber für die Rente sparen als etwas Kreatives zu Papier zu bringen, in der praktisches Denken der Poesie vorgezogen wird, in der es mehr geschätzt wird, wenn wir etwas für unseren Körper tun, als wenn wir etwas für unsere Seele tun. Bitte hört nicht auf, für Leute wie mich Kunst zu schaffen, für Leute, die den Zauber, die Fantasie und die Ehrlichkeit großer Kunst brauchen, damit der Alltag ein wenig erträglicher wird.

Wenn Sie, aus welchem Grund auch immer, aufgehört haben, an Ihre Stimme zu glauben, wenn Sie aufgehört haben, sich die Zeit zu erkämpfen, dann fangen Sie heute wieder damit an. Ich habe heute in einem wirklich kreativen Laden in Chicago für meine Freundin einen Kaffeebecher gekauft, auf dem steht: »Mache jeden Tag etwas Kreatives.« Machen Sie es. Machen Sie etwas Kreatives, selbst wenn Sie an einem Schreibtisch in einem Großraumbüro arbeiten, selbst wenn Sie ein Neugeborenes haben, selbst wenn jemand Ihnen vor langer Zeit gesagt hat, dass Sie kein Künstler sind, dass Sie nicht singen können oder dass Sie nichts zu sagen haben. Diese Menschen sind Lügner und bekommen hoffentlich Pickel im Gesicht. Jeder hat etwas zu sagen. Jeder; Denn jeder Mensch wurde von Gott nach dem Bild Gottes geschaffen. Wenn er der Schöpfer ist, dann sind wir auch schöpferisch begabt, und niemand, kein unfähiger Englischlehrer in der siebten Klasse, kein grausamer Kritiker oder eifersüchtiger Konkurrent kann uns das nehmen.

Mein Freund Steve leitet eine Jugendgruppe. Es ist eine lustige, kreative Gruppe von Jugendlichen und Mitarbeitern, die sich dienstagabends treffen, um darüber zu sprechen, wie man in Gottes Namen etwas aus seinem Leben macht und wie man die Welt besser macht. Eines Dienstagabends lud er mich ein, weil er mich interviewen wollte und damit die Jugendlichen mir Fragen stellen konnten. Wir sprachen darüber, was es bedeutet, Schriftsteller zu sein, wie das konkret aussieht, über Henry und über Musikgruppen, die mir gefallen. Am Ende kam ein Mädchen auf mich zu und sprach mich an. Sie wirkte nervös und ein bisschen scheu.

»Ich schreibe auch.« Sie sagte es, als gestehe sie mir etwas Verbotenes oder vertraue mir ein finsteres Geheimnis an. Sie beugte sich zu mir vor, schlug ein Notizbuch auf und zeigte mir eine Seite nach der anderen, die sie mit sauberer Schrift gefüllt hatte. »Kannst du mir einen Rat geben?«, fragte sie.

»Danke, dass du schreibst. Mach damit weiter«, sagte ich. »Danke, dass du schreibst, dass du dir die Zeit nimmst und den Mut hast zu schreiben, denn ich lese so gern; und ich bin so dankbar für Leute wie dich, dass sie etwas schreiben, das ich lesen kann. Mach weiter, auch wenn Leute dir das Gefühl geben, das wäre nicht so wichtig. Es könnte das Wichtigste sein, was du tust. Mach weiter.«

Allen heimlichen Schriftstellern, nächtlichen Malern, heimlichen Sängern, unsicheren Künstlern jeder Art, sage ich: Holt eure Pinsel und eure Farben heraus oder eure Flöte, eure Trompete oder eure Tanzschuhe. Packt eure Kamera, euren Computer oder eure Töpferscheibe aus. Heute, heute Abend, wenn die Kinder im Bett sind oder wenn eure Hausaufgaben gemacht sind, dann setzt euch nicht wieder vor ein Videospiel und lest nicht noch eine Zeitschrift, sondern schafft etwas Kreatives, egal was.

Nehmt eine Nadel und einen Faden und näht etwas Einmaliges, etwas Ehrliches und Schönes, weil wir das brauchen. Weil ich das brauche.

Danke, und macht weiter!

Fest statt Frust

Ich glaube an ein Leben, das darauf wartet, dass wir es feiern. Ich weiß, dass die Welt, in der wir jeden Morgen aufwachen, bis zum Rand gefüllt ist mit tiefer, herzlicher Liebe, aber auch mit Hass und Traurigkeit. Und ich weiß, welche dieser beiden Seiten am Ende die Oberhand behalten soll. Ich will trotz der Verzweiflung, die es auf der Welt gibt, feiern. Ich will tanzen, wenn wir am Horizont nur dunkle Wolken sehen. Ich weiß, dass der Tod irgendwann an unsere Tür klopft und für viel zu viele viel zu früh kommt, aber wenn er zu mir kommt, will ich lebensfroh und hellwach sein und mitten im Leben stehen. Ich glaube, dazu sind wir hier. Nicht für ein passives, friedliches Leben, sondern um in den Situationen, in denen der Friede fehlt, nicht aufzugeben und Frieden zu fordern.

Wenn ich Ihnen einen Pullover schenke und er Ihnen wirklich gefällt, merke ich das, weil Sie ihn dann so oft anziehen, dass er bald ganz abgetragen ist. Es ist der Pullover, den Sie an Weihnachten anziehen und zum Einkaufen, in dem Sie manchmal schlafen, den Sie auf dem Rücksitz Ihres Autos überallhin mitnehmen und den Sie sich um den Bauch binden. Er nimmt Ihren Geruch an, er fängt an zu fusseln und leiert aus. Sie brauchen ihn nur anzuschauen, und Ihnen fallen tausend Geschichten ein, wo er schon überall war und wo Sie ihn überall angehabt haben.

So soll mein Leben sein. Ein Geschenk, von dem ich begeistert bin. Das Leben ist ein großartiges Geschenk. Gott gab uns etwas Wunderbares, als er uns das Leben schenkte, und ich will dafür dankbar sein. Ich will ein Leben führen, das zeigt, wie dankbar ich für dieses Geschenk bin. Wenn das Leben ein Pullover wäre, würde ich ihn jeden Tag anziehen. Ich würde ihn nicht für einen besonderen Anlass aufheben oder schonen. Ich würde jede Gelegenheit nutzen, diesen Pullover anzuziehen. Ich würde ihn tagelang ununterbrochen voll Stolz tragen.

Es gibt das normale Leben, das alltägliche Leben, in dem wir Frühstück machen, Geschirr spülen und aufräumen. Aber gleich darunter, wie das Dröhnen eines Basses, das wir in der Brust fühlen, spüre ich, dass noch etwas ganz anderes geschieht. Mitten zwischen den Steuererklärungen und den E-Mails geschieht etwas Heiliges, etwas Besonderes, das sich mit dem Altbekannten vermischt, darin eintaucht und wieder daraus auftaucht, wie ein Glühwürmchen, wie ein großes Lied. Es erinnert uns daran, dass das Geschirr und die Steuern real sind, aber dass es noch viel mehr gibt, das genauso real ist. Das Heilige vermischt sich mit dem Alltäglichen, wenn wir mit einem Menschen sprechen, den wir lieben, wenn wir ein gutes Buch lesen oder wir etwas Mutiges tun. Es ist immer noch ein ganz normaler Tag, aber gleichzeitig geschieht etwas Größeres, etwas Aufregenderes.

Ein Blick auf die Finger eines Babys genügt und wir wissen einfach, dass diese kleinen Hände aus Fleisch und winzigen Knochen heiliger, geistlicher sind, als jeder Gedanke oder jede Idee oder jede Theologie es je sein könnte. Das Göttliche flüstert und funkelt immer wieder ins Alltägliche hinein, wenn wir genauer hinschauen und hinhören; wenn wir glauben, dass die Welt um uns herum von Gottes Wirken durchdrungen ist.

Ich lebe nach dieser Überzeugung, wenn ich ein Essen genieße, das liebevoll zubereitet wurde, wenn ich die Beschaffenheit, die Farbe und das Aroma auf mich wirken lasse, wenn ich mich vom Duft und vom Geschmack von etwas, das frisch aus der Erde kommt, überraschen und ins Leben zurückholen lasse. Mein Glaube an Gott zeigt sich, wenn ich die ganze Nacht mit Menschen, die ich liebe, tanze, weil dieses Leben die beste Feier verdient, die wir ihm bieten können. Ich danke Gott jedes Mal, wenn ich knuspriges Brot und Knoblaucholiven esse, wenn ich saubere Wäsche rieche oder das leise Quietschen der Finger auf einer Gitarre höre. Für mich ist das, was Gott sagte, als er die Welt schuf, ein Gebet: Es ist gut. Diese Welt, sie ist gut. Die Schönheit eines perfekten grünen Apfels ist gut. Die ersten Schritte eines Kindes sind gut. Zu sehen, wie meine Großeltern in ihrer Küche tanzen, ist gut. Es ist gut.

Ich muss mir in Erinnerung rufen, dass es gut ist. Ich muss Hoffnung in mein Leben einbauen, weil es in mir etwas gibt, das einen Radar für die schlechten Seiten des Lebens hat. Ich gehe in die Küche und sehe nichts anderes als die Krümel auf dem Tisch. Ich schaue in den Spiegel und sehe nicht einmal mein Gesicht; ich sehe nur die ganzen Falten, die vielleicht bald kommen werden. Ich habe einen Sensor dafür, was alles schiefgehen könnte; und dieser Sensor behält oft die Oberhand. Es stimmt ja auch. Auf dem Tisch sind Krümel und ich werde sicher irgendwann Falten bekommen. Aber ich will einfach nicht bloß in dieser Realität leben.

Weil es noch eine andere Realität gibt. Eine bessere Realität. Hoffnung, Umkehr und Veränderungen sind real und geschehen überall um mich herum. Deshalb entscheide ich mich, aus dieser Realität heraus zu handeln, weil die andere Realität uns das Leben Tag für Tag schwer macht. Das Leben ist mühsam, und wir tragen so viel Enttäuschung und Schmerz mit uns herum. Aber ich kämpfe darum, einen Raum in mir freizuhalten, in dem ich Hoffnung entwickeln kann. Ich kann nicht mehr in der Enttäuschung leben. Ich habe so viel Zeit meines Lebens verpasst. Ich schaue zurück und kann mich an nichts anderes erinnern als an den Schmerz. Ich nehme an, dass ich in jener Zeit zur Arbeit oder in die Schule ging, aber daran erinnere ich mich nicht wirklich. Ich habe so viel Zeit damit vergeudet, mir zu wünschen, ich wäre anders. Ich liebte das Geschenk des Lebens nicht, weil ich zu sehr damit beschäftigt war, mich über das Leben, das ich bekommen hatte, zu ärgern. Ich wollte es anders haben. Aber mein Ärger hat daran nichts geändert. Ich habe damit nur wertvolle Zeit vergeudet. Ich kann die Dinge, die Ihnen oder mir zugestoßen sind, nicht auslöschen, aber wir haben etwas, vielleicht als Belohnung dafür, dass wir die ganzen anderen Tage überstanden haben: das Heute. Das Heute ist ein Geschenk. Wenn wir ein Morgen haben, ist auch das Morgen ein Geschenk.

Es ist in gewisser Weise fast rebellisch, sich für die Freude zu entscheiden, sich für das Tanzen zu entscheiden, sich dafür zu entscheiden, das Leben zu lieben. Es ist viel leichter und viel üblicher, sich elend zu fühlen. Aber ich entscheide mich dafür, das zu tun, was ich tun kann, um Hoffnung zu schaffen, um das Leben zu feiern. Dieses Feiern vertieft meine Beziehung zu dem Leben, das ich liebe. Wir können einfach unser normales, alltägliches Leben führen und alles Gute für irgendwann aufsparen; aber ich glaube, das Heute, das einfache Heute, lohnt sich. Ich glaube, es ist unsere Aufgabe, die Aufgabe von jedem von uns, jeden Tag als ganz besondere Gelegenheit zu leben, weil wir ein Geschenk bekommen haben. Wir dürfen in dieser schönen Welt leben. Wenn ich bewusst lebe, wenn ich tanze, statt meine Zeit abzusitzen, wenn ich herzhaft lache, wenn ich an einem normalen Dienstag meine Lieblingsschuhe anziehe, ist dieser normale Dienstag besser.

Zurzeit fallen rund um unser Haus die Blätter von den Bäumen. Es gibt keinen Grund, warum sie leuchtend rot werden sollten, bevor sie abfallen, aber sie werden trotzdem rot. So will ich auch leben. Ich will sagen: »Was kann ich heute tun, das mehr Schönheit, mehr Energie, mehr Hoffnung in die Welt bringt?« Weil ich den Eindruck habe, dass Gott das zu uns immer und immer wieder sagt. »Was kann ich heute tun, um dich erneut daran zu erinnern, wie gut dieses Leben ist? Du glaubst, die Farbe des Himmels ist jetzt gut? Warte, bis du den Sonnenuntergang siehst! Du glaubst, Orangen sind gut? Dann probiere noch eine Mandarine!« Gott ist ein fantasievoller, genialer Erfinder und wartet immer wieder mit wunderbaren, unglaublichen, neuen Dingen auf, und das ist ein Geschenk. Es ist ein Geschenk, daran teilhaben zu dürfen.

Ich will ein Leben, das prickelt, knistert und mich zum Lachen bringt. Ich will nicht am Ende meines Lebens oder auch nur am Ende dieses Tages dastehen und erkennen müssen, dass mein Leben nichts anderes ist als eine Ansammlung von Terminen und To-do-Listen, Einkäufen, Kochrezepten und schmutzigem Geschirr. Ich will saftige Mandarinen essen, im Auto bei offenen Fenstern laut singen, rosa Schuhe tragen und die ganze Nacht aufbleiben, lachen und meine Wände genau in der Farbe anmalen, die der Himmel im Moment hat. Ich will auf weißen Laken schlafen, ausgelassene Partys feiern, reife Tomaten essen und Bücher lesen, die so gut sind, dass ich vor Begeisterung tanze, und ich will, dass Gott über mein tägliches Leben herzhaft lachen kann und sich freut, dass er jemandem das Leben geschenkt hat, der dieses Geschenk liebt, der es benutzt , mit sich herumschleppt und ständig in Gebrauch hat wie einen Lieblingspullover.

Was wäre, wenn auf einmal die ganzen müden, schlappen, erschöpften Körper und Köpfe anfingen, sich zu bewegen und zu hüpfen, als wären sie in eine Friteuse geworfen worden, wo sie zischen, tanzen und hüpfen? Etwas, das durch den Stress und den Lärm dieser Welt getötet und erstickt wurde, erwacht zu neuem Leben, wacht auf, tanzt und hüpft vor Freude. Denn wir sind dafür geschaffen, uns zu bewegen, uns leidenschaftlich zu Gott hin auszustrecken wie ein Gewitter, das sich entlädt, wie ein Blitz, der eine schlafende Welt plötzlich hell erleuchtet. Dieser Blitz will uns aufwecken und daran erinnern, dass wir einem Gott dienen, der das Tanzen liebt, einem Gott, der diese Welt in Bewegung gesetzt hat und sie durch den Weltraum fliegen lässt, der uns mit Energie erfüllt, der das Lebensblut durch die Adern von Milliarden Menschen fließen lässt, von denen jeder ein Tempel des Gottes ist, der sich die Hände schmutzig gemacht hat, um uns aus Erde zu formen. Wir wollen uns in seinem Namen die Hände schmutzig machen. Wir wollen in seinem Namen tanzen und springen. Wir wollen tanzen, leuchten und unsere Geschichten an den Himmel schreiben, wie er es uns gelehrt hat. Wir wollen seine Worte wiederholen. Wir wollen ein Leben führen, das der ganzen Welt verkündet: Es ist gut.